泉州文庫

選堂題

（清）夏　琳　李夢生

（清）阮旻錫　徐　華

　　　萬正色　著　張吉昌　點校

　　　王得一　　　廖淵泉

閩海紀要　海上見聞録

師中小劄　師中紀績

泉州文庫整理出版委員會　編

創于1897
The Commercial Press
商務印書館

前　言

　　泉州建制一千三百多年，爲中國歷史文化名城和古代海外交通的重要港口。"比屋弦誦，人文爲閩最"，素稱海濱鄒魯、文獻之邦。代有經邦緯國、出類拔萃之才，歐陽詹、曾公亮、蘇頌、蔡清、王慎中、俞大猷、李贄、鄭成功、李光地等一大批傑出人物留下了大量具有歷史、文學、藝術、哲學、軍事、經濟價值的文化遺産。據不完全統計，見載於史籍的著作家有一千四百二十六人，著作多達三千七百三十九種，其中唐五代二十九人三十二種，宋代二百人三百九十一種，元代二十一人四十種，明代五百三十六人一千五百八十五種，清代六百四十人一千六百九十一種；收入《四庫全書》一百一十五家一百六十四種，《四庫全書存目叢書》五十六家七十四種，《續修四庫全書》十四家十七種。二〇〇八年國務院頒布第一批國家珍貴古籍名録，屬泉人著述、出版者十三種。

　　遺憾的是，雖然泉州典籍贍富，每一時代都有一批重要著作相繼問世，但歷經歲月淘汰、劫難摧殘，加上皮藏環境不良，遺存至今十無二三，多成珍籍孤本。這些文化遺産，是歷史的見證，是泉州人民同時也是中華民族的寶貴文化財富，亟待搶救保護，古爲今用。

　　對泉州地方文獻的搜集與整理，最早有南宋嘉定年間的《清源文集》十卷，明萬曆二十五年《清源文獻》十八卷繼出，入清則有《清源文獻纂續合編》三十六卷問世。這些文獻彙編，或已佚失，或存本極少。二十世紀四十年代，泉州成立"晋江文獻整理委員會"，準備整理出版歷代泉人著作，因經費短缺未果。八十年代，地方文史界發起研究"泉州學"，再次計劃編輯地方文獻叢書，可惜後來也因爲各種條件的限制，其事遂寢。但是這兩次努力，爲地方文獻叢書的整理出版做了準備，留下了珍貴的文獻資料和書目彙編。

　　二〇〇五年三月，中共泉州市委、泉州市政府決定將地方文獻叢書出版工作列爲國民經濟和社會發展第十一個五年規劃的一項文化工程。翌年，正式成立"泉州地方典籍《泉州文庫》整理出版委員會"，着手對分散庋藏於全國各大圖書館及民間的古籍進行調查搜集，整理出《泉州文庫備考書目》二百六十七家六百一十四種，以後又陸續檢索出遺漏書目近百家一百八十餘種。經過省內外專家學者多次論證，最後篩選出一百五十部二百五十餘種著作，組成一套有一定規模、自成體系、比較完整，可以概括泉人著作風貌、反映泉州千餘年文化發展脉絡的地方文獻叢書，取名《泉州文庫》，二〇一一年起陸續出版發行。

整理出版《泉州文庫》的宗旨是：遵循國家的文化方針政策，保護和利用珍貴文獻典籍，以期繼承發揚中華民族優秀文化傳統，增進民族團結，維護國家統一，提高民族自信心和凝聚力，加強社會主義核心價值體系建設，增強文化軟實力，爲泉州的物質文明和精神文明建設服務。

《泉州文庫》始唐迄清，原著點校，收錄標準着眼於學術性、科學性、文學性、地域性、原創性、權威性，具有全國重要影響和著名歷史人物的代表作優先。所錄著作涵蓋泉州各縣（市、區），包括金門縣及歷史上泉州府屬同安縣，曾在泉州任職、寄寓、活動過的非泉籍人氏的作品，則取其內容與泉州密切相關的專門著作。文庫採用繁體字橫排印刷，內容涉及政治、經濟、歷史、地理、哲學、宗教、軍事、語言文字、文化教育、文學藝術、科學技術等領域，其中不乏孤稀珍罕舊椠秘笈，堪稱溫陵文獻之幟志。

值此《泉州文庫》出版之際，謹向各支持單位、個人和參加點校的專家學者表示誠摯的感謝！由於涉及的學科和內容至爲廣泛，工作底本每有蛀蝕脱漏，加之書成衆手，雖經反復校勘，但限於水平，不足或錯誤之處還是難免，敬請讀者批評指教。

泉州地方典籍《泉州文庫》整理出版委員會

二〇一一年三月

整 理 凡 例

一、《泉州文庫》(以下簡稱"文庫")收録對象爲有關泉州的專門著作和泉州籍人士(包括長期寓居泉州的著名人物)著作,地域範圍爲泉州一府七縣,即晋江(包括現在的晋江市、石獅市、鯉城區、豐澤區、洛江區)、南安、惠安(包括泉港區)、同安(包括金門縣)、安溪、永春、德化。成書下限爲一九四九年九月以前(個別選題酌情下延)。選題内容以文學藝術、歷史、地理、哲學、政治、軍事、科技、語言教育等文化典籍爲主,以發掘珍本、孤本爲重點,有全國性影響、學術價值高、富有原創性著作優先,兼及零散資料匯總。

二、每種著作盡量收集不同版本進行比較,選擇其中年代較早、内容完整、校刻最精的版本爲工作底本,并與有關史籍、筆記、文集、叢書參校,文字擇善而從。

三、尊重原著,作者原有注釋與説明文字概予保留。後來增加者,則視其價值取捨。

四、凡底本訛誤衍漏,增字以[　]表示,正字以(　)表示,難辨或無法補正的缺脱文字以□表示,明顯錯字徑直改正,均不作校記。

五、凡底本與其他版本文字差異,各有所長,取捨兩難,或原文脱訛嚴重致點讀困難,或史實明顯錯誤者,正文仍從底本,而於篇末校勘記中説明。

六、凡人名、地名、官名脱誤者,均予改正,訛誤而又查不到出處之人名、地名、官名及少數民族部落名同異譯者,依原文不予改動。

七、少數民族名稱凡帶有侮辱性的字樣,除舊史中習見的泛稱以外,均加引號以示區別,并於校記中説明。

八、標點符號執行一九九六年實施的國家《標點符號用法》。文庫點校循新版二十四史及《清史稿》例,一般不使用破折號和省略號。

九、原文不分段者，按文意自然分段。

十、凡異體字、俗體字、通假字，如非人名、地名，改動又無關文旨者，一般改爲通用字；異體字已經約定俗成、容易辨認者不改。個別著作爲保持原本文字語言風貌，其通假字則不校改。

十一、避諱字、缺筆字盡量改正。早期因避諱所産生的詞彙成爲習慣者不改正。

十二、古籍行文中涉及國家、朝廷、皇帝、上司、宗族等所用抬頭格式均予取消。

十三、文庫一般一册收録一種著作，篇幅小的著作由兩種或若干種組成一册，篇幅大的著作則分成兩册或若干册。

十四、文庫採用橫排、繁體字印刷出版。每册前置前言、凡例。每種著作仿《四庫全書》提要之例，由編者撰寫《校點後記》，簡略介紹作者生平、著作内容及評價、版本情況，說明其他需要說明的問題。

泉州地方典籍《泉州文庫》整理出版委員會辦公室

二〇〇七年二月五日

目　　録

閩　海　紀　要

目　　録

閩海紀要卷上

夏閏六月,明主①唐王聿鍵稱帝於福州。

　　初,唐王統兵勤王,以擅離南陽錮禁獄。及弘光立,赦出,而南都破。靖虜伯鄭鴻逵遇於嘉興,語合,遂奉以入閩,與其兄南安伯芝龍謀立之。閏六月十五日即位,陞福州爲天興府,布政司爲大内,改元隆武。

　　明晉南安伯鄭芝龍平虜侯,尋封平國公;鎮海將軍鄭鴻逵定虜侯,尋封定國公;鄭芝豹爲澄濟伯。

　　芝龍字飛黄,南安石井人。兄弟四。長芝龍,次芝虎,三鴻逵,四芝豹。初爲海盜,崇禎戊辰歸誠,以平海寇功,累遷至南澳總兵。甲申之變,弘光即位南京,封南安伯,至是以翊立功,晉芝龍平國公,鴻逵定國公,芝豹澄濟伯。

明主召芝龍子成功,賜姓朱,封忠孝伯。

　　成功原名森,字大木。天啓甲子年七月十五日生於日本。誕時萬火齊明,丰儀秀整。七歲取回,俶儻有大志。年十五,補南安弟子員,試高等,食餼。赴省試,有金陵術士相之,驚曰:"君非科甲中人也,殆王侯相矣!"時方銳志場屋,不以爲然。及隆武召見,奇其狀貌,封忠孝伯,撫其背曰:"惜朕無一女配卿,卿當盡忠吾家,無相忘也!"因賜姓朱,改名成功。自是,中外咸稱國姓云。

明以鄭鴻逵爲大元帥,出浙東;鄭彩爲副元帥,出江西。

　　二將既出關,疏言餉缺,逗遛不前。

丙戌,三年,明隆武二年

春正月,明主以忠孝伯成功爲御前營內都督,賜尚方劍,儀同駙馬,尋封命佩招討大將軍印,鎮仙霞關。

時軍國大事,皆取決於芝龍。明主積不寧平,常獨居愁歎。成功進見,奏曰:"陛下鬱鬱不樂,得無以臣父有異志耶! 臣受國恩,義無反顧,誓當以死報陛下。"明主嘉歎,故有是命。

秋八月,鄭芝龍密撤仙霞關,大清兵入關。

芝龍以擁立非其本意,日與文臣忤,又度清朝神武,必不能偏安一隅,有叛意,密遣人以通內院洪承疇、黃熙允。至是,聞魯監國杭州失守,乃稱餉缺,檄守將施天福回。

明忠孝伯成功兵潰於仙霞關。

芝龍聞清兵將至,密遣親吏到師納款,帥詰之曰:"吾兵未臨境,而前途獻降書,得無詐乎?"疑係細作,命推出斬之。吏疾聲呼冤,有閩人在軍中,察其詞哀,知其無詐,爲告于帥。帥曰:"歸語爾主,吾于秋仲提師由仙霞入關,可備壺漿以迎。"於是芝龍遣心腹蔡輔至關,將授意於成功。輔入見,語未發,成功屬聲先謂曰:"敵師已迫而糧不繼,空釜司饔,吾將奈之何耶? 速請太師,急發餉濟軍,愼勿以封疆付一擲也!"輔噤不敢發語,回見芝龍,備述前事,且曰:"向若道及納款,此頭已斷矣。"芝龍曰:"癡兒不識天命,固執乃爾。吾不給餉,彼豈枵腹戰哉!"賜姓屢請,皆不報。關兵無糧,遂逃散,成功不得已引還。至延平,登城周視,嘆息而回。

九月,明主下詔親征。師次延平,大清兵猝至,明主出奔,殂於將樂。

初,明主決意親征,於南臺祭江,忽風雨驟至,旗幟盡拔,不能成禮。成功跪榻前,泣奏曰:"臣父已有異志,陛下當自爲計。"因伏地嗚咽。明主掩袂揮淚,命之起,遂向延平。將幸贛,清兵猝至迫城。明主倉皇出奔將樂,追及之,遂遇害。

貝勒王入閩,鄭芝龍退保安平鎮,忠孝伯成功遁入海。

王兵至泉州,芝龍退保安平,軍容甚盛,以洪承疇、黃熙允之信未通,未敢迎師。王以書招之,略曰:"吾所重將軍者,正以將軍能立唐藩也。人臣事君,苟有可爲,必竭其力。力不勝天,必投明主而事,乘時建不世之功,此豪傑事也。若將軍不輔立,吾何用將軍哉!且兩廣未平,現在鑄閩粵總督印以相待。"芝龍得書大喜,成功力諫不聽,遂降。十一月,往福州見貝勒王,成功又泣諫;知不可挽,乃遁入海。芝龍至福州見貝勒王,王置酒相待甚歡,忽夜半挾②之北去,從者皆不得見。

丁亥,四年,明永曆元年

明主永明王由榔稱帝於肇慶。

王爲神宗之孫、桂王之子,初封衡陽,以寇亂徙梧州。會桂王薨,兩廣總督丁魁楚與廣西巡撫瞿式耜擁立之,以肇慶府署爲行宮,改元永曆。

明招討大將軍忠孝伯國姓成功起兵。

初,芝龍既歸誠,以書諭成功速降,賜姓泣曰:"父教子忠,不聞以貳。"遂逸去。及芝龍北上,乃與所厚數十人舉義,收兵南澳。時年二十四,文移稱"招討大將軍罪臣國姓"。比聞永曆即位,遣人間道上表,尊奉正朔。

明招討大將軍成功屯兵於鼓浪嶼。

時廈門先爲建國公鄭彩及弟定遠侯鄭聯所據,成功自南澳回,舊將稍集,乃移屯鼓浪嶼。以洪政、陳輝爲左右先鋒,楊才、張進爲親丁鎮,郭泰、余寬爲左右鎮,林習山爲樓船鎮,進攻海澄。清援兵至,洪政中流矢死,乃引還。

秋八月,明大將軍成功會定國公鴻逵攻泉州。

鴻逵自芝龍歸誠,尚擁甲兵,至是與成功合攻泉州。提督趙國祚率師與戰於桃花山,敗績,走入保城,鄭師進至城下。九月三日攻城,軍聲大振。漳州守將王進率兵來援,解圍。

戊子五年,明永曆二年

明主在桂林。

春閏三月,成功取同安,以葉翼雲知縣事。

　　成功引兵攻同安,守將廉郎、知縣張劾齡禦之,戰於店頭山,敗績,廉郎等棄城遁。成功入據之,以葉翼雲知縣事。翼雲,廈門人,庚辰進士,由吳江知縣擢吏部主事。

秋八月,總督陳錦率師破同安,明知縣葉翼雲,教諭陳鼎,守將邱晉、林壯猷皆死之,屠其城。

　　泉州之圍,自冬徂春,郡邑戒嚴,所在蜂起。七月十三日,總督陳錦援師至。八月,遂克同安,邱晉、林壯猷戰歿,翼雲及陳鼎死之,屠戮無遺,凡五萬餘人。先是,有"同安血流溝"之讖,至是果驗。是歲大飢,斗米千錢。

明主封平國公部將洪旭爲忠振伯,張進爲忠匡伯,林習山忠定伯,陳輝忠靖伯,尋封陳霸爲忠勇侯,施天福忠毅伯。

己丑,六年,明永曆三年

明主在肇慶。

春正月,成功陷漳浦。

　　自同安敗後,成功往銅山募兵,命柯宸樞、黃廷等攻漳浦,守將王起鳳降。遂由雲霄抵詔安,移屯分水關,令黃廷、柯宸樞等守盤陀嶺。

四月,漳鎮王邦俊、副將王之剛敗中衝鎮柯宸樞於盤陀嶺,宸樞戰死。

　　漳鎮王邦俊與副將王之剛合兵攻盤陀嶺,黃廷不戰而走;柯宸樞分兵拒戰,衆寡不敵,與其弟中軍宸梅俱戰死。成功哀悼,厚恤其家,建祠祀之。

秋七月,明主遣使晉招討大將軍忠孝伯國姓成功爲漳國公。

冬十一月,成功伐潮州。

是年,全粵俱奉永曆正朔,土寇隨在竊據。守潮者郝尚久也,自鴻逵據潮之揭陽,兩家各相疑忌。初,潮人黃海如、陳斌爲巨寇,歸成功,至是導成功,遂入南陽,分兵勦許隆諸賊及達濠、新墟等寨,悉平之。命太子太師鄭香守石尾城,有衆數千,後爲國朝所破,二子鄭廣、鄭海死焉。

庚寅,七年,明永曆四年

春正月,成功入潮陽。

成功引兵將至潮陽,知縣常翼風以城降,令洪旭駐鎮其地。

夏六月,成功伐潮州。

成功遣甘輝殺賊黃亮采,復敗廣東部提督軍於潮陽。

秋八月,成功回師廈門,取定遠侯鄭聯軍兵。

時金、廈兩島尚爲建國公鄭彩、定遠侯鄭聯所據,肆虐不堪,民不堪命;其守將章飛雲尤橫。成功乃與陳霸議曰:“兩島本吾家土地,彼兄弟所據,肆橫無道,大爲不堪。”乃嚴部署,自揭陽回軍,於中秋夜抵廈門。聯方醉萬石巖,報至,不得入,詰朝出見成功於舟中,交拜甚歡。成功笑曰:“兄能以一軍相假乎?”聯未對,執銳者前矣,唯唯惟命。于是麾軍過船,聯將皆降,海上軍皆屬焉。惟彩率所部遁去,飄泊數年,成功招之還,以病卒于家。

冬十一月,成功南下,命鄭芝鵬鎮守廈門。

成功至潮陽,提塘黃文自行在來,稱有旨徵賜姓率兵入援。

明主在南寧。

明招討大將軍漳國公成功起兵南下。

時平南王尚可喜、靖南王耿繼茂率滿騎數萬攻復廣州,西寧王李定國望援甚急。閏十一月,成功率各鎮官兵南下,十二月抵揭陽。

辛卯,八年,明永曆五年

春正月,成功率兵至南澳。

時施琅進曰:“勤王,固臣子職分。但琅昨夜得一夢,甚然不利。乞復細思。”成功默然,令將琅所佩左先鋒印及所轄兵將委副將蘇茂管轄,命琅同鄭鴻逵回廈門,助芝鵬固守。成功率兵南下。二月,至白沙湖,颶風大作,船幾覆。三月,至大星所,殺退惠州援兵;攻其城,下之。

二月,巡撫張學聖會提督馬得功襲廈門,明文淵閣大學士、吏部尚書曾櫻死之。

成功兵南下,舟次平海衛,學聖、得功乘虛來襲廈門。時鴻逵棄揭陽回師未至,芝鵬不能守,得功先遣數十騎渡五通登岸,兵民望見皆潰。時曾櫻在城中,或邀之遁;櫻曰:“此一塊清净土,正吾死所,豈復泛海求活耶?”遂自縊,時二月三十日也。門人阮旻錫、陳泰等冒險出其尸,鄉紳王忠孝殮之,殯於金門。奏聞永曆行在,追贈光禄大夫、上柱國、太師,謚文忠,賜祭葬,蔭一子中書舍人、一子錦衣衛,世襲。

夏四月,成功回師廈門,承制殺鄭芝鵬。

先時,馬得功既入島,張學聖及興泉道黃澍于三月初一日至,見廈門孤懸海外,汪洋萬頃,愕然曰:“此絕地也! 若有緩急,援兵豈能渡哉!”即先引回。不數日,鴻逵至,截港圍攻,得功欲退,不得渡,窘甚,乃謂鴻逵曰:“公等家口皆在安平,脱得功不出,恐不利公家。”鴻逵患之,且不虞,成功旋師,得功渡海已三日矣。成功大悔恨,按芝鵬以失守罪罪之,奉尚方劍斬以狥,諸將股栗,兵勢復振,凡六萬餘人。鴻逵退泊白沙,築寨居之。

明左先鋒施琅來降。

琅,晉江人也。事成功,年最少,知兵善戰,自樓櫓、旗幟、陣伍之法,皆琅啓之。前在南澳,兵付蘇茂代將,意回必復任,成功不與,遂請爲僧。成功令再募兵,許授前鋒鎮。偶有親丁曾德逃於成功營,琅擒治之,成功馳令勿殺,琅竟殺之,成功大怒,捕琅並逮其家口。琅乘間逸去,密渡安平,依鄭芝豹。成功收其父大宣及其弟援勦左鎮施顯,殺之。

五月,成功入南溪。

成功自回廈門,由嚴紀律,軍聲大振。率衆入漳之南溪,漳鎮王邦俊率兵迎戰,敗績,又敗於漳浦,降者數百人,漳州戒嚴。

冬十一月,提督楊名高及鄭成功戰於小盈嶺,名高敗走。

名高自福州率步騎援漳,成功迎戰於小盈嶺,名高大敗,僅以身免。成功乘勢攻漳浦,守將陳堯策以城降。

壬辰,九年,明永曆六年

春正月,成功攻海澄,守將郝文興以城降。

成功引兵向海澄,是日,潮午漲,舟達城垣,守將郝文興降。成功以舉人黃維璟、馮澄世先後知縣事。

三月,總督陳錦及鄭成功戰於江東橋,大敗。成功乘勢拔長泰,漳州屬邑俱下。

成功遣中提督甘輝攻長泰,遇副將王進於北溪。二人俱雄健著名,久念一決雌雄,乃奮戈傳矢,兩馬相當,自巳至午,縱橫跌蕩,觀者竦踴。既而兩家兵至,乃解。王進入長泰,甘輝日夜攻城,弗克。會總督陳錦來援,成功選精銳迎戰於江東橋北,陳錦狃先年同安之捷,頗輕敵,全軍皆沒,奔回泉州。成功乘勢攻長泰,拔之。王進獨以數十騎遁入漳州城,屬邑俱下。

夏四月,成功攻漳州。

成功引兵圍漳城。五月,浙鎮馬逢知原名進寶。率兵來援,縱其入城,引兵出戰,連敗之,遂嬰城固守不出。成功累攻不下,乃擁鎮門之水灌之,堤壞不浸,復列柵圍之。城中食盡,人相食,枕藉死者七十餘萬人。

秋七月,庫成棟殺其主總督陳錦歸成功,誅之。

陳錦軍於鳳尾山,懲江東之敗,號令峻刻,為其僕庫成棟所刺,持首歸成功。成功歎曰:「僕隸之人而叛其主,是大逆也,大逆何以勸後!」命斬以狗。成棟疾呼曰:「陳錦暴戾不仁,眾心已離,寬我一死,必有望風續至者,八閩可不勞而定也。」眾咸為之請,成功曰:「得八閩者,一時之私利也;誅叛逆者,萬世之公義也。吾終不忍以一時之私利廢萬世之公義焉。」命斬之。

冬十月,固山金礪及成功戰於古縣,敗之,解漳州圍,成功退守海澄。

漳州久圍,中外隔絕,固山金礪來援。時成功久頓堅城,師老糧匱,退屯古縣,迎戰累敗,收兵退保海澄。

明主在安隆。

是時,明主封李定國爲西寧王,定南王孔有德、敬謹王尼堪皆爲所敗。

有德敗於桂林,尼堪敗於衡州。

癸巳,十年,明永曆七年

春正月,成功遣定西侯張名振率水師攻復浙直州縣。

夏五月,固山金礪攻海澄,成功親督兵迎擊,金礪退。

金礪既解漳圍,悉滿、漢精鋭之兵進攻海澄。城壞百餘丈,成功立雉堞防禦;張蓋而坐,與諸將飲於敵樓。礪兵望見,矢礮雨集,成功益語治軍,指揮自若。方易位而坐,而原坐爲礮擊碎,成功呼曰:"天佑孤臣,諸將無虞矣!"于是衆各奮氣力十倍。兵臨城,蜂擁而上,有廝養卒鄭仁舉斧以砍,衆從之,登者悉墜,積屍填河。甘輝復率兵截擊[3],擒斬無遺,金礪宵遁。是役也,成功論功行賞,以忠孝伯印授甘輝,輝不敢受。召鄭仁,拜都督。乃更築短城,而海澄之守益固。

明主遣兵部主事萬年英賷勅晉漳國公成功延平王,成功表辭。

成功既敗固山金礪,遣監紀池士紳以蠟表奏明主行在,併叙破提督楊名高及殲總督陳錦之功。明主即命晉封成功爲延平王,成功表辭;甘輝、黃廷等及各鎮皆有封爵。

秋九月,成功率師南下,剿鷗汀貝,尋引還。

時郝尚久守潮,被兵求援,成功先遣[4]陳六御率兵救之,尚久狐疑不敢納,及潮州破,自焚死。尋破鷗汀貝而還。初,鷗汀貝恃其土城險固,聚衆剽掠,海上商船多被擒截,抽腸刳腹,慘酷非常。至是,成功攻破之,屠其城,丁壯無遺。

甲午,十一年,明永曆八年

春二月,遣官議撫,以海澄公印封成功,成功弗受。

初,芝龍在京密令李德回,勸成功就撫,陽許之,帝遂封芝龍同安侯、芝豹左都督,遣鄭、賈二官⑤賚詔及海澄公印勅授成功,且授封鴻逵爲奉化伯。成功不受。十一月,再遣内院學士葉成格、理藩院阿山及芝龍少子鄭度賚勅至,許以泉、漳、惠、潮四府安插兵衆,成功堅執不從。李德泣曰:"將軍不聽,恐太師禍且不測!"成功戚然久之,謂曰:"非不知清朝待我厚,但我受明室厚恩,義不可屈。"因泣,揮之去。葉、阿二官回奏,帝大怒,置芝龍於高墻、戍芝豹寧古塔。

冬十月⑥,成功起兵。

成功遣輔明侯林察、閩安侯周瑞督水師,戎旗鎮王秀奇、左先鋒蘇茂督陸師,率官兵戰艦百餘艘南下勤王。差効用官林璿奉表詣明主行在,併持書會西寧王李定國。

十二月,成功⑦陷漳州。

時十一月晦,成功自廈門入海澄。夜嚴部署,四鼓直抵漳州,入其城,兵不血刃。于是,守將卜世用⑧、魏標等及知縣周瓊、知府房星璨皆降,十縣皆下。泉州屬邑望風而潰,獨泉師韓尚亮守泉州,不下。

乙未,十二年,明永曆九年

春二月,明招討大將軍、延平王成功承制設六官。

初,成功以明主行在遙隔,軍前所委文武職銜一時不及奏聞,明主許其便宜委用:武職許至一品,文銜許設六部主事。成功復疏請,以六部主事銜卑,難以彈壓,明主乃賜詔,許其軍前所設六部主事秩比行在侍郎,都事秩比郎中,都吏秩比員外。於是設六官:以潘賡鍾壬午舉人。爲吏官,洪旭爲户官,陳寶鑰丙戌舉人。爲禮官,張光啓爲兵官,程璠爲刑官,馮澄世丙戌舉人。爲工官;設協理各一員,左、右都事各二員。以常壽寧爲察言司,鄧會、張一彬爲正、副審理。

又設儲賢館、育胄館。

以前所試洪初闢、楊芳、呂鼎、林復明、阮旻錫等充之。先是，明主開科粵西，諸生願赴科舉者，成功給花紅、路費遣之。島上衣冠濟濟，猶有昇平氣象。又以死事諸將及侯、伯子弟柯平、林維榮充育胄館。

明鄭成功改中左所爲思明州。

中左所，即廈門城，至是改稱思明州，以薛聯桂、鄭會先後知州事。

鄭成功奉明魯王居金門。

時監國魯王及寧靖王諸宗室避難至廈門，成功皆禮贍優給，奉之居金門。又給避難諸縉紳盧若騰、王忠孝、辜朝薦、徐孚遠等銀幣。時縉紳避難入島者衆，成功皆優給之，歲有常額，待以客禮，軍國大事輒咨之，皆稱爲老先生而不名。若盧、王、辜、徐及沈佺期、郭貞一、紀許國諸公，尤所尊敬者。

鄭成功誅餉鎮黃愷。

成功自起兵以來，軍律嚴明，禁止淫掠，犯者立斬。破城之日，諸軍雖爭取財物，遇婦人在房內，則却退不敢入，遠近稱快。以餉餽不足，命黃愷爲餉鎮，供給軍需。愷尅剥不堪，怨聲載道，成功怒，收斬之。

夏五月，明總督水陸兵馬林察、周瑞、王秀奇、蘇茂等無功引還，成功怒，貶責有差。

林察等回軍，稱西寧王李定國戰敗，應援不及，已退入梧州。成功大怒，將斬之，以其夙昔戰功，各降黜、緗責有差。因致書於李定國，其略曰："敝員以台命至，知老台臺內急君父之憂，外切仇讐之痛，某恨不能征帆倏忽直揮⑨珠江，同挈故土，以迎乘輿。詎意船師未至，而大軍已先班回。勝負兵家之常，不足深憂，但敝船逗遛，既不能先期會師，又不能奮圖後援，使醜類長驅，某實有罪焉。已將水陸各將領審定功罪，重行緗責；乃念其有功，不然已正法矣。今援粵之精銳已悉來閩，且檄全粵水陸與某對衡，則粵東勢必空虛，乘機襲取，正其時也。幸迅旆入粵直取某處,定有摧枯拉朽之勢。從此長驅破竹,共抵燕京,聚首策勳,深所願也。"

明鄭成功遣忠振伯洪旭、北鎮陳六御督師北上。

六御等揚帆進取舟山,守將巴臣興降,以六御守其地。洪旭等攻溫、台等處,台州鎮馬信、寧波鎮張宏德出降,空其地而歸。

六月,成功毀安平鎮。

安平距泉州六十里,芝龍置第其中,洋船直抵海外,人烟繁華,勝於郡城。至是,聞貝子王統大兵將至,乃墮其城,並毀漳府及惠安、同安三城,斂兵回廈。

秋七月,成功遣中提督甘輝、右提督王秀奇統兵北上,遣前提督黃廷、後提督萬禮統兵南下。

成功以輝爲正總督,秀奇副之,率二十餘鎮往北,與洪旭、陳六御相機進取。以廷爲正總督,禮副之,率二十餘鎮南下。八月,黃廷等攻揭揚,潮鎮劉伯祿來援,累敗,陳霸復自南澳率兵與廷會,遂拔揭陽,併復普寧縣。

冬十一月,定遠大將軍庶子王入閩。成功回思明州。

庶子王至泉,使人持諭至廈門招撫,不納;復易函稱書,成功答之。令廈門居民搬移過海,官兵家口搬住金門、鎮海等處,空島以待。

丙申,十三年,明永曆十年

春正月,平南王尚可喜遣兵攻揭陽,及蘇茂戰,敗之。

可喜同潮鎮劉伯祿來復揭陽,茂率左衝鎮黃梧迎戰,大敗,可喜追至城下,黃廷出兵迎戰,乃退。

三月,庶子王遣水師攻兩島,遭風引還。

庶子王大集各澳船隻,令泉鎮韓尚亮督率,出泉州港,成功令林順、陳澤等迎擊。忽颶風大作,尚亮船飄散沉壞,收回者不滿十船,由是不敢渡海。

夏五月,鄭成功殺左先鋒蘇茂。

茂,原爲左先鋒,施琅之逸去,茂實密縱之,因補其職。至是,同前衝鎮黃梧喪師於揭陽,成功怒,調還,遂按軍法斬之。

六月,鄭成功督師北上。

明前衝鎮黃梧以海澄叛來降,詔封梧爲海澄公。

成功將北向,留儲蓄於海澄,以左提督王秀奇統黃梧、蘇明等守之,尅日解纜。時貝子王入閩,泉、漳屬邑皆下,獨海澄未復,百計誘降。適調守將出,計稱黃梧以揭陽失利懼誅,可以誘之,王從其計,黃梧遂挾蘇明據海澄叛,來降。詔封爲海澄公,命駐漳州。先時,遣官賚海澄公印欲封成功,成功不受,總督上疏曰:"懸此印於國門,彼中豈無有內應者?"至是黃梧降,即以此印爵封之,別調蘇明入京,授爲哆理機邦內大臣。其後梧獻平海策,請發鄭氏祖墳、誅求親黨、没五大商及遷界等事,禍及五省,人罹其害。

秋七月,明鄭成功克閩安鎮,進攻福州。

貝子王頓重兵在漳,成功議率兵北向以綴之。既解纜,忽報黃梧以海澄叛,或勸旋師以爭之,成功曰:"吾欲圖大事,海澄何足惜哉!"遂揚帆進攻閩安鎮,破之,福州大震。攻之不克,乃城牛心塔,以陳斌戍之。

八月,兵復出舟山,明總制陳六御、英義伯阮駿死之。

浙兵攻舟山,明陳、阮二將帥兵迎擊,被誘深入,水急收船不回,俱赴海自焚死,餘船奔散。于是毀舟山城郭,遷徙居民。

冬,世子王發兵攻銅山,爲明後衝鎮華棟、護衛黃元擊敗,遂引兵還福州。

華棟,原名金璲第,興化書生也。歸成功,時其母尚係府獄,故改名,成功以千金贖出之。後棟死,乃存恤其子。

十二月,成功入羅源、寧德,世子王使梅勒阿格襄帥兵來援,爲甘輝所殺。

阿格襄帥將巴都柯如良等襲輝軍,諸將見輝陣整,不敢迫。格襄恃勇直前,甘輝揮戈大呼迎擊,殺之。是役也,格襄最驍勇,而巴都等皆善戰,及俱敗殁,諸兵爲之奪氣。

同安侯鄭芝龍遣謝表勸成功就撫,不聽。

時遣芝寵命謝表勸成功就撫,總督李率泰亦令人說暫退兵以就撫局,成功不聽;表等日夜涕泣,以無可復命爲憂。成功因復書於芝寵,略曰:"謝表賚父親手諭忽然而至,疑信參半,情能不自傷?而勢無可如何耳!吾父存亡禍福,兒料之已熟。清朝待投誠之人,猜忌多端,有始無終,總是'狹'之一字,而兒豈可挾之人乎?自清朝入閩以來,喪許多人馬,費許多錢糧,百姓塗炭,赤地千里,已驗於往時矣。茲世子傾國來閩,將歷三載,殊無奇謀異能,只是補葺破地,淫掠毀殺,一弄兵於白沙而船兵覆沒,再弄兵於銅山而全軍殲滅。閩安爲福州門戶,遽爾遂破;羅源一戰,阿格襄[等]盡喪,其力量亦可見矣。乃損無數之甲兵,費無稽之錢糧,區區爭此數百枝無用之頭髮,不特大失策,亦何量之不廣也!清朝誠能略其小而計其大,裨地方安插我衆,彼無詐,我無虞,如此則奉清朝之正朔,無非爲生民計而爲吾父屈也。安插得宜,清朝自無南顧之憂。中左在海外別一天地,兒效巢父、嚴光輩優游山林,高尚其志耳。清朝多疑,不便差人再往。兒至此,心已盡而言尤實。伏祈鑒照。"成功不就撫,然父子之情不能忘,常於中夜起立北向,私自悲哭痛哀。

丁酉,十四年,明永曆十一年

明主在雲南。

春三月,明定國公鄭鴻逵卒於金門。

鴻逵由崇禎庚辰科中武進士,累遷登萊副總兵。甲申京師陷,弘光即位於南都,檄守采石磯,以右軍都督掛鎮海將軍印。乙酉,南都失守,引回,迎隆武立之,封定國公。丙戌,貝勒王入閩,芝龍北去,乃與成功舉兵,攻泉州,入潮。辛卯,退泊白沙,築寨以居。丙申,攻之不克,移居金門養病。至是卒,年四十五歲。成功聞之,回思明州。

夏六月,臺灣紅夷酋長揆一獻方物於成功,求通商,許之。

搓一使通事何斌貢外國珍寶於成功,求通商,願年輸款納餉銀五千兩、箭坯十萬枝、硫磺一千擔。成功許之。

秋七月,成功率師北上,命洪旭守思明州。

成功既北向,八月,進攻黃巖,守將王戎以城降;乘勝攻台州,總兵李必、知府齊維藩、臨海知縣黎嶽詹俱降。九月,下太平、天台,守將俱降。

九月,兵復閩安鎮。

世子王及總督李率泰合攻閩安鎮,明前提督右鎮余程戰死,護衛前鎮陳斌率五百餘人守羅星塔,不得出,世子王使人招之,盡殺之於南臺橋。成功棄台州,率兵欲救,閩安已失,乃引回思明州。

冬十一月,明主遣漳平伯周金湯晉招討大將軍、延平王成功潮王。

初,永曆癸巳差萬年英封成功爲延平王,成功讓於諸鎮,請封爵;明主以帛詔封甘輝爲崇明伯、黃廷永安伯、萬禮建安伯、郝文興祥符伯、王秀奇慶都伯、張煌言兵部左侍郎、馮澄世⑩太僕卿兼僉都御史,餘各封爵有差。至是,復命周金湯及太監劉國柱從海道賫延平王勅印至,晉封潮王,成功謙讓不敢當,仍稱招討大將軍。

明前監臣徐孚遠至自交趾。

孚遠字闇公,幾社六子之一。避難入島,奉明主命使安南,爲交趾所得,欲要以臣禮見,孚遠不屈而還,有《交趾摘錦》傳於世。成功怒,遂禁商船不許往交趾貿易。

戊戌,十五年,明永曆十二年

春三月,成功築演武亭練兵。

亭在廈門港院東,澳仔嶺之交,成功築以操練軍士。以石獅重五百斤爲的,力能舉者撥入左右虎衛親軍;皆戴鐵面、著鐵裙,執斬馬大刀,並戴弓箭,號曰"鐵人"。

成功命其將左武衛林勝督兵南下攻許龍,破之。

許龍爲南陽巨盜,出沒反覆,負固不服,成功命林勝合左右衛之兵攻之。師至,港水忽漲,勝等直入,龍率衆遁,獲其輜重、船隻,焚其巢穴。海澄守將劉進忠迎降。

夏五月,成功大舉兵圖江南。

初,永曆己丑開科於粵東,詔各勳鎮考送諸生赴試。成功遂送生員葉后詔、洪開關等十餘人,令洪志高賷本詣行在;舟至潮陽,遭風飄散,十餘人不得達,猶志高至粵,詔爲兵部職方司監,命成功以師直抵南都。成功承旨,至是議欲大舉直攻襲南京。諸將請曰:"南京地遠城堅,非數萬人不可,不如近取爲得計。"成功曰:"入據長江,則江南半壁皆吾囊中物矣!"乃以黃廷爲前提督,洪旭爲兵官,鄭泰爲户官,留守廈門;而自率甘輝等北上。甲士十七萬,鐵人八千,戰船八千,揚帆而進,號八十萬。

六月,成功狥浙江,平陽、瑞安諸縣皆降。

成功兵至浙江,平陽守將車任暹、瑞安守將艾誠祥降。七月,師次羊山,爲暴風飄没八千餘人,幼子⑪從軍溺焉,泊瀋州修理戰船。九月,至象山⑫,知縣令父老賷羊酒犒師,命勿攻。十月,至台州港,後衝鎮劉進忠叛入海門,遂令攻之,棄城而走。

己亥,十六年,明永曆十三年

春正月,成功軍駐沙關。

夏五月,明主在永昌。成功軍至崇明。

成功次崇明,諸將請先取之以爲老營,不聽。乃遣監紀劉澄密通江南提督馬進寶,進寶有思明之心,密與成功通。

六月,成功破瓜州,尋克鎮江府。

成功舟至焦山,謂諸將曰:"瓜鎮爲金陵門户,須先破之。"乃授諸將機宜。直南風盛發,各率所部進據瓜州上流。十六日,自督親軍及甘輝等將直擣其柵,操江軍門朱衣佐、城守左雲寵率滿騎兵迎戰。陣方交,成功揮軍大進，右武衛周全斌率步騎浮水先登，直衝其陣，身中五矢，氣益厲。諸軍繼之，衣佐等兵大潰，殺雲龍於橋下，衣佐被擒，瓜州遂爲所陷。成功命援勦左鎮劉猷守之，以柯平爲江防同知。見朱衣佐，欲用之，以有母在，哀懇求歸，成功給資脯縱之。二十日，成功移兵趨鎮江，總督管効忠率滿、漢官軍夾擊，奮力死戰，成功親督諸軍，効忠大敗，僅以身免，積屍填河。知府戴可進等開門出降，成功令周全斌守之，屬邑皆下。又令張煌言督戎政楊朝棟招撫江南，袁起振招撫江北，于是太平、寧國、滁、和、徽、池諸郡縣俱欲降成功，即杭州及九江等處亦有密謀歸成功，給劄欲爲内應者。

秋七月，成功進逼南京。

瓜鎮既破，甘輝進謂成功曰：「瓜鎮南北咽喉，但坐鎮此，斷瓜州，則山東之師不得下；據北固，則兩浙之路不得通，南都不勞而定矣。」成功不聽。將進兵，甘輝又請陸路而行，以爲「乘破竹之勢，一鼓可下，或破其附近州縣以絶援兵，則南京勢孤，自必難守。若欲由水路，恐風信稽遲，援兵四集，又費工力」。時諸衆多以從水路爲利便，成功遂率兵揚帆直指南都，傳檄有「六月興師，敢云趨利；十年養鋭，正欲待時」之語。

成功遙祭明太祖高皇帝孝陵。

成功由鳳儀門登岸，屯兵岳廟山，望祭明太祖孝陵，再拜慟哭，哀動三軍，諸將士無不感奮。

成功遣蔡政、高綿祖會江南提督馬進寶師。

進寶心戀明朝，密有通款，成功師次崇明時，會遣劉澄賫密函通之。至是，遣蔡政等前往，訂其帥師來會。

成功列營圍南京，副將梁化鳳率師擊敗之。

成功師迫南京，甘輝進曰：「兵貴神速，宜急攻城，乘其勢未定而拔之；不然，彼援兵畢集，難以攻取，君必悔之。」成功不聽，乃列營圍之。方下令示期攻城，會援兵至，有千騎迫前鋒營，爲余新擊敗，成功遂輕敵無備。城上兵覘其軍懈，是夜副將梁化鳳由鳳儀門穴城十餘道，率兵從街房中毀墻而進，復迫余新營，衆不及甲，倉皇出拒，副將董拱中、蕭拱柱死焉，余新被擒。成功聞警，使天佑馳援，已無及矣。南京於是盡出騎兵列于城下，成功自督親軍擊退。既而援兵雲集，四面合攻，成功督諸將接戰，累敗，麾軍退，登船而渡。水師擊楫追之，成功令黄安禦之，沉其數船，追兵乃止。成功于是徐渡諸軍，而趨鎮江。是役也，甘輝且戰且走，單騎馳騁，人不敢近，馬躓被擒，入金陵，戟手罵，不屈。遂幽之，徐使人説降，輝怒罵，求速死，數日水漿不入口，乃引出斬之，神色不變，懸其首於市，青蠅不敢附，軍士以爲忠義所感，函而葬之。時五軍張英，親軍林勝、陳魁，提督萬禮，總鎮藍衍、魏標、卜世用、洪復，戶官潘賡鍾，儀衛吳賜等皆陣亡。

成功攻崇明，不克，遣蔡政往北京議和。

是月四日，成功回師至吳淞港，使蔡政往見馬進寶，商酌入京議和事宜。八日，至崇明，十一日攻城，崩裂數十丈，守將梁化鳳固守不下。周全斌以爲孤城狹隘，得之無益，適馬進寶差中軍同蔡政勸成功退師以待奏請，徐觀和局成否，從之，仍遣蔡政往北京。

九月，成功回廈門。

成功既回，建忠臣廟祠死事諸人，以甘輝爲第一，入哭盡哀；曰：「吾早從將軍之言，不至此！」以女妻其子孟煜，厚恤其家。

冬十二月，蔡政自北京還。

政至京，特賜一品袍褂，命回江南，與督撫、提督會議。甫出京，有人言劾成功無禮，請繫來使，馳檄追捕。政聞之，即晝夜兼程，由間道奔回。既至，成功嘉其才智，親酌酒勞之，禮待有加，始知和議不成，繫同安侯于獄，逮馬進寶入京問罪及遣滿州將軍達素督兵三省會剿之由。

庚子，十七年，明永曆十四年

夏四月，成功改右提督馬信爲提督親軍驍騎鎮。

成功聞達素將合兵攻廈門，令各鎮官兵眷口搬住金門，命英兵鎮陳瑞同户官鄭泰保護。

五月,滿州將軍達素合兵攻廈門,及鄭成功戰於海上,達素敗績。

帝以江南既定,乃命達素及總督李率泰大蒐兩島。五月,部份滿、漢軍大船出漳州、小船出同安,檄廣東投誠許寵等引兵來會。成功以陳鵬督諸軍守高崎,遏同安;鄭泰出浯州,遏廣東;自勒諸部據海門。初十黎明,漳船乘風迫海門,成功使五府陳堯策令諸戰艦按兵不動,俟其齊出擊之。呼吸間,兵船乍至,諸戰艦奉令莫敢先動,閩安侯周瑞先爲漳船擊破,與陳堯策皆死焉。繼攻陳輝船,輝發火藥燒之,滿兵躍退,且戰且却。成功自駕八槳板船,往來視師。向午,潮湧風發,乃親率巨艦衝之,鄭泰自浯嶼引兵合攻,北兵大敗,屍積遍海。有滿兵數百棄船上圭嶼,馬信親招降之,夜溺諸海。是日,同安船趨高崎,陳鵬約降,飭所部勿動,欲爲内應,于是諸兵未及岸,涉水爭先。鵬部將陳蟒不與謀,曰:“事急矣! 當決一死戰。”麾其屬過船,與殿兵鎮陳璋合攻擊之,北兵披靡,蹈海死者十七八,首領吕哈喇被擒,滿兵被殺者一千六百餘人。成功收鵬誅之,以蟒代其職。許寵等後二日至,知兵已敗,奔回,達素率殘兵奔回福州,自殺。

冬十月,監國魯王殂於金門。

辛丑,十八年,明永曆十五年

春正月,帝崩,太子即位。明主在緬甸。

三月,成功興師攻臺灣。

臺灣在東南海中,綿亘數千里,土番雜處。明天啓末,紅夷據其地築城,一曰赤嵌,一曰王城,與中國、日本、廣南貿易。以夷長撨一鎮之,立法甚嚴,土番皆聽約束,歷三十餘年無敢犯者。至是,成功以世祖新崩,未暇征戰,遂決意取之。諸將咸有難色,通事何斌進曰:“臺灣沃野千里,四通外洋,橫絕大海,足與中國抗衡。土番受紅夷欺凌,每欲反噬,以天威臨之,如猛虎逐群羊也。得其地足以廣國,取其財足以餉兵,進戰退守,無踰于此。"且陳可取情狀甚悉。協理戎政楊朝棟亦主取之。成功悦,以忠振伯洪旭、前提督黄廷居守思明州,户官鄭泰居守金門,自率文武官、親軍、武衛前進。

夏四月,成功入臺灣。

　　成功舟次澎湖,下令曰:"視吾鷁首所向!"至鹿耳門,水驟漲丈餘,大小戰船唧尾而進,縱橫無礙。紅夷大驚,以爲自天而下。成功以手加額曰:"此天所以哀吾[13]而不委之壑也!天憐孤臣,有寧宇矣。"引兵登岸,先取赤嵌。紅夷敗,退保王城,酋長揆一死守不下,乃列營環圍以迫之,俟其自降。

六月,明銅山守將蔡禄、郭義叛來降,忠匡伯張進自焚死。

　　進守銅山,恩威並著。蔡禄、郭義[14]畏往臺灣,據城以叛,脅進前行,進不從。曰:"吾守土而已。"密置火藥署中,欲俟禄等前來焚之。禄等偵知,不赴,使人促行,進遂舉火,闔室自焚。清兵入據銅城,忠勇侯陳霸與洪旭統水師復之。報至,成功感歎,命厚恤其家,使總監營翁天佑守其地。是役也,原任思明州知州薛聯桂亦同蔡禄等降,詔封授爲江西督糧道。

秋八月,紅夷率甲板及成功戰,成功擊敗之。

　　紅夷先以甲板接戰,陳澤、陳廣等攻之,沉其艍,焚其次艍。至是,復會甲板至,令陳澤督水師擊之,獲其巨艦二隻並小艇諸船。自是,甲板不敢復出。

冬十月,棄同安侯鄭芝龍于市。

　　初,芝龍在京屢以書諭成功就撫,不則恐見誅戮。成功復書有云:"兒昔者再三苦諫而吾父不聽,今事已差池,言之何益!設有不幸,兒當縞素復仇,以結忠孝之局而已!"然世祖亦不之罪也。至是世祖崩,執政者與芝龍有隙,遂促殺之,以十月初三日斬於燕京之柴市,子孫在京者皆與焉。

遷界,徙沿海居民於内地。

　　閩海以成功故,歷年用兵,捐師糜餉。蘇納海議曰:"蕞爾兩島得遂猖獗者,實恃沿海居民交通接濟。令將山東、江、浙、閩、廣海濱居民盡遷於内地，設界防守，片板不許下水，粒貨不許越疆，則海上食盡，鳥獸散矣。"從之。於是分遣滿員督遷各省。

十二月，紅夷酋長揆一降於成功，成功縱其歸國，臺灣平。

成功督攻王城，平其礮臺，揆一乞降，許之。凡珍寶、輜重，聽其搬回本國。揆一泣謝，率殘兵五百餘名歸荷蘭。

壬寅，康熙元年，明永曆十六年

二月，成功開創臺灣府縣。

臺灣既平，成功改爲安平鎮，赤嵌城爲承天府。設縣二：曰天興、曰萬年，總號東都。成功聞遷界，憮然曰："舉五省數萬里魚鹽之地無故而棄之，塗炭生民，豈得計哉！清之技亦窮矣。吾養兵蓄銳，天下事未可知也。"於是闢草萊、興屯聚、嚴法令，犯者雖親不貸。或諫以用法宜稍寬，成功曰："子產治鄭、孔明治蜀，皆以嚴從事。況立國之初，不加一番整頓，則流弊不可勝言矣。"衆皆拜服。

三月，成功遣周全斌擊陳霸於南澳。

霸封忠勇侯，精悍雄壯，守南澳近二十年，許龍、蘇利不敢犯，畏之如虎，但性傲，人多忌之。至是爲飛語所中，成功命全斌攻之。霸倉卒不能自明，又不敢迎戰，乃舉家入粵投誠，封爲慕化伯。

夏四月，成功遣官至思明州殺其子經及其妻董氏，不果。

成功治家嚴肅。世子經居思明州，與乳媼通，生子。成功聞之大怒，命黃昱至島，諭鄭泰監殺世子經及經母夫人董氏，以教子不嚴也。諸部大驚，忠振伯洪旭不肯用命。

五月庚辰，明招討大將軍、延平王、晉封潮王國姓成功殂於東都。

五月朔，成功感冒風寒，文武官入謁，尚坐胡床談論，人莫知其病。及疾革，都督洪秉誠調藥以進，成功投之於地，歎曰："自國家飄零以來，枕戈泣血十有七年，進退無據，罪案日增。今又屏跡遐荒，遽捐人世，忠孝兩虧，死不瞑目。天乎，天乎！何使孤臣至於此極也！"頓足撫膺，大呼而殂。時年三十有九，爲五月八日也。初，成功倡義時，無兵將，又無糧餉，徒以忠貞自矢，衆遂日附。治軍嚴整，臨陣身先士卒，賞罰必信。北將或歸，推心置腹，故一時智勇咸効死樂爲之用。雖位極人臣，猶以未能恢復境土爲恨，終其世不敢稱王。將卒之年，遙傳明主遇害，有勸其改年者，答曰："皇上西狩，存亡未卜，何忍改年！"終身奉尊正朔，以兩島抗天下全力，威振海內，從古未有也。

六月，明賞勳司蔡政奉潮王冠袍至思明州，請世子經發喪嗣位。

成功之弟世襲護理大將軍印，以經得罪於父，陰謀自立。蔡政抗聲折以大義，乃奉成功所遺冠袍赴廈門，請經發喪嗣位，文移稱"嗣封世子"。以周全斌爲五軍都督，陳永華爲諮議參軍，馮錫範澄世之子。爲侍衛。

靖南王耿繼茂、總督李率泰遣官至思明州招撫。

耿、李聞成功殂，使中軍王明、李有功持書入廈門，議招撫。鄭泰與洪旭、黃廷、蔡雷鳴議曰："先王東征之日，猶有權宜通好之意。今沿海遷移，慘至此極，縱不爲他省計，獨不爲桑梓計乎？"因請於世子。世子曰："先王開國東都，草創未平，遽爾崩殂，余將東承遺緒，諸君苟能息兵安民，無墮先王一生孤貞苦節，甚善。"泰等議照朝鮮例，遣楊來嘉入京待命；不報。來嘉回。時世子復書於耿、李云："日在鷺、銅，多荷指教。讀'誠來誠往、延攬英雄'之語，雖不能從，然心異之。頃承惠書，尚襲游説之後談，豈猶是不相知者之論乎？東寧偏隅，遠在海外，與中國版圖渺不相涉，雖夷落部曲日與爲隣，正如張仲堅遠絶扶餘，以中土讓太原公子，閣下亦曾知其意乎？倘能延攬英雄、休兵息民爲念，即静飭部曲，慰安邊陲，羊、陸故事，敢不勉承。若夫疆場之事，一彼一此，勝負之數，自有天在，得失難易，閣下自知，亦無容贅也。"

遣戶部郎中貴岱、兵部郎中金世德入閩，安插投誠各官。

時既遷界，遣滿、漢兵部、户部郎中各一員，安插海上投誠官員，上下相蒙,真偽莫別。武職率衆降者,照原銜謹叙;隻身降者,降三級;文官亦降二級補授。又有武改文之例,都督改副使,副使改僉事,參、遊改同知。或目不識丁,謬膺監司;力無縛雞,濫受總兵。斯時,倖功名者多藉此爲捷徑。

冬十月,明招討大將軍世子鄭經入東都。

　　成功既殂,黃昭奉成功弟世襲爲護理,謀將嗣位。世子經乃偕陳永華、周全斌、馮錫範率兵東渡。十月晦,世子至。十一月朔,黃昭會諸部來攻。值大霧晝暗,諸將皆迷失道,獨昭先至,破營而入,世子潰,幾爲所困;周全斌率左右數十人力戰,昭中流矢,斌斬以徇。忽而霧消天朗,日向午矣。其衆驚潰,皆曰:"吾君之子也!"悉投戈降。世子慰諭之,遂入安平鎮,收殺李應清、蕭拱辰、曹從龍等,餘皆不問。曰:"令反側子自安。"使人請世襲至,待之如初。

鄭經以賞勳司蔡政爲審理所正,巡訪封内。

　　東寧初開,南、北二路之人猶尚夷習,相沿侈靡,等威無別。成功方欲遣官敷教,會疾革,不果。至是,鄭經以政爲審理所正,巡訪其地。所至毀淫祠、崇正道、定制度、別尊卑,民悉嚮化,知所率循。

十一月,鄭經以左虎衛黃安爲勇衛將軍。

　　安雄勇善戰,從成功起兵,累陞至左衝鎮。隨攻南京,既克鎮江,成功命安總督水師,守三叉河。成功兵潰,安斷後,保全諸軍回棹,擢左虎衛。從征臺灣,領先鋒印,親冒矢石,遂平其地。及成功殂,世子至臺,會黃昭之變,在臺諸將咸擁兵觀望,獨安率所部來援,力戰破之。世子曰:"世亂識忠臣,非君吾幾不保。"因約爲婚姻,裂襟與之。事定,陞爲勇衛將軍,尋以女子妻其子。

癸卯,二年,明永曆十七年

春正月,明招討大將軍世子鄭經自東都回思明州。

　　經既定内難,祭告先王,調諸將分守各汛,自率周全斌等及其叔世襲回思明州。是年，永曆訃至，經猶奉正朔，稱永曆十七年。

鄭經以審理所正蔡政兼理思明州事。

時經因遷界，外給不至，而軍需迫切，民苦征役。以政有長才，命兼理思明州事務。政虛心撫字，斟酌用緩，均勻甲里，嚴革濫蔭，凡所興除，悉因利害，島人皆德之。

夏六月，鄭經執其戶官鄭泰幽之。泰自殺。

泰守金門，貲以百萬計。經自東都回，得泰與黃昭往來書，疑其有異志。泰不自安，稱病不入謁。經欲襲之，或勸泰勒兵見經自白，泰曰：“吾今救死而已！若稱兵，適重吾罪也。”又勸其投清，泰曰：“芝龍已誤，豈容再誤！”遂艤舟待命。陳永華謀以世子將歸東都，命泰居守，鑄居守印，差協理吳慎齋至金門授之。泰猶豫未敢入謝，弟鳴駿力贊其行，遂帶兵船及餉銀十萬赴思明州進見。鄭經慰勞畢，遂託更衣以入，永華即榜泰之罪，並出所與黃昭往來之書示之。泰欲向辨，洪旭曰：“無庸也。”挽之別室幽之。周全斌率兵併其船，獨蔡璋一船逸出金門。鳴駿倉卒與泰子纘緒率諸將及眷口下船，入泉州港投誠。船凡二百餘號，精兵八千人，文武數百員，周全斌追之不及。泰聞之，遂自縊。詔封鳴駿爲遵義侯，纘緒爲慕恩伯，同降文武官班賞、敘用有差。

秋七月，鄭經以思明州蔡政爲協理刑官，使日本。

先是，傳鄭泰有銀巨萬寄日本，鄭經使政往徵以佐餉，倭首酋已將原銀包封付政。適泰弟鳴駿亦使人持勘合至，倭首酋以其有據也，將欲與之，政告之曰：“鄭泰，我國故司農也，糧餉由其掌握，所寄乃我主國帑，於義取之固當。”倭人韙之，乃皆不發，而收貯以待後命。

鄭經以黃而輝爲思明州知州。

輝，黃廷之子。自鄭鳴駿投誠，鎮營多叛，右武衛楊富、左武衛何義、忠靖伯陳輝、參軍蔡雷鳴等皆先後來降。八月，前提督黃廷自銅山入見鄭經，經慰勞之。

九月,荷蘭紅夷犯兩島。

紅夷糾集甲板船十六隻、夷兵數千,會靖南王及總督同攻金、廈兩島,約事定之日,築城浯嶼貿易,如廣東香山澳例。總督李率泰遂議平島。

冬十月,靖南王耿繼茂、總督李率泰督滿、漢投誠官兵及紅夷甲板破思明州。

繼茂、率泰調投誠官兵船隻同甲板出泉州,以陸路提督馬得功統之,自引小船從同安出,海澄公黃梧、水師提督施琅出海澄。鄭經部分死士,令周全斌迎戰。十九日,遇得功於金門烏沙頭,時甲板十四隻、泉州戰艦三百餘號,全斌以十三船直衝其艍,往來攻擊,剽疾如馬,紅夷炮無一中者。得功兵望見,披靡不敢前,得功殿後,為全斌所破,赴海死,舉船兵眾皆歿。已而,繼茂、率泰、黃梧、施琅各濟師,鄭經以寡不敵眾,遂棄思明州及金門,退守銅山。繼茂等兵入島,男女童稚虜掠一空,遺民數十萬靡有孑遺。遂墮其城,焚其屋,棄其地而回。先是,有"嘉禾斷人種"之讖,至是果驗。

十二月,鄭經至銅山。

金、廈既破,經收餘眾退屯銅山,而兩島之舊將殘兵,官員紳士無船可渡者,或投誠,或逃遁,流離失所,死亡殆盡。

甲辰,三年,明永曆十八年

春正月,明五軍都督周全斌來降。

鄭經駐銅山,諸軍乏糧,周全斌欲襲洪旭而併其船,旭亦防之。值海風大作,船各飄開,全斌遂率所部入漳投誠,詔封為承恩伯。而洪旭以杜輝守南澳,輝亦掠旭輜重歸誠。

三月,鄭經棄銅山,退守東都。

經見眾叛糧乏,難以久駐,乃偕陳永華、馮錫範等率餘眾歸東都。工官馮澄世別駕一船從行,為其徒所迫,投海死。

明前提督永安伯黃廷來降。

經既歸東都，洪旭以二十船邀廷同行。廷所部兵衆多不欲往，欲令其子而輝與婿吳朝宰率衆投誠，而己挈眷與旭同行。適黃梧遣官招安，黃廷遂降，詔封爲慕義伯。

鄭經至東都。

經至東都，以諮議參軍陳永華理國政。改東都爲東寧，置天興、萬年二州。分諸將土地，課耕種、徵租賦、稅丁庸、興學校、通魚鹽，安撫土民，貿易外國，儼然別一乾坤。

秋七月，明協理刑官蔡政自泉州歸東寧。

政出使日本歸，將至廈，值鄭經兵敗，欲遁東寧，政爲舟人挾入泉州，遵義侯鄭鳴駿設館禮待，防衛甚密。是時，方隆招撫之命，凡投誠部職，量與監司。政名素著，督撫即會鳴駿繕疏具題，命將下，而政以計脫歸東寧。既至，鄭經大喜，命爲協理禮官，寵遇日隆。

乙巳，四年，明永曆十九年

夏四月，加封水師提督施琅爲靖海將軍，統舟師進攻東寧，遭風引還。

時總督李率泰上疏，命施琅攻東寧，報可。乃加靖海將軍，總率官兵，以周全斌副之。整舟師數百號出洋，將至澎湖，颶風大作，各船飄散，不能相顧，乃引還。尋召施琅歸旗，加封伯爵，其餘投誠各官兵移駐各省，設兵防界，不復以東寧爲事，東人于是大安。

丙午，五年，明永曆二十年

丁未，六年，明永曆二十一年

遣總兵孔元章至東寧招撫。

時議以沿海地方與鄭經通商，欲其稱臣奉貢，並遣子入京爲質等三事；經曰："和議之事不可久，先王之志不可墜。"即令舟人渡元章還。

戊申,七年,明永曆二十二年

夏五月,明協理禮官蔡政卒。

　　政字拱樞,金門人。性至孝,謹敏多才略。凡軍前號令條教,屬筆立就,動中機宜,最見重於成功。其出使京師議和及迫於舟人挾入泉州,俱運膽智從容遁去,人所莫測也。渳思明州,有惠政,島人德之。掌刑篆,平反甚多,以仁恕稱。東寧開國之初,奉令巡訪封內,因民性而施教令,申制度以昭王章,政在宜人,士庶便之。每進讜論,世子改容加納。與兵部侍郎王忠孝交善。至是卒,鄭經親臨哭之。其長子濟、次子漢襄俱授察言司。

己酉,八年,明永曆二十三年

復遣太常寺卿慕天顏至東寧招撫。

　　時遣大人明珠、蔡毓榮至泉州,遴選興化知府慕天顏,加以卿銜,渡海往議,欲照朝鮮例,稱臣奉貢,不削髮。鄭經使柯平、葉亨報許,服明制冠帶而入泉州,軍民復覩漢官威儀,觀者如市。議雖不成,而數年之間,海上亦相安無事。

明忠振伯洪旭卒。

　　旭事成功父子,盡效忠悃,始終不貳。兩島之敗,諸宿將多投誠,均膺顯秩,獨旭率數部擁鄭經東歸。至是卒,經感悼,以其子磊爲吏官,與永華之姪繩武皆見親信。

庚戌,九年,明永曆二十四年

春二月,明招討大將軍世子鄭經遣監紀推官吳宏濟聘平西王吳三桂。

　　三桂在雲南,漸蓄異志。經使監紀推官吳宏濟持聘,略曰:"經兒髮未燥,即聞大名,每讀殿下家書檄草,忠孝激烈,未嘗不撫膺慨嘆,感極而繼之以泣也。今者四海仰望,惟殿下一人,未審軍政之暇,亦知有天外孤臣否?特遣推官吳宏濟恭候福履。敝國雖小,樓船千艘、甲士十萬,惟殿下所使之。仰俟德音,無任主臣。"⑮

鄭經立國學,以葉后詔爲國子司業。

　　初,永曆開科粵西,詔諸勳鎮各送生員赴試,成功禮送生員十餘人,以后詔爲首。舟至廣,遇風不得達,后詔乃回,隱遁海上,與王忠孝、沈佺期交最善。至是,聘爲司業,善於訓道,諸生人人自慶得師。凡後進之士經其賞識,無不以文章著名於世。

明太常寺卿、兵部右侍郎王忠孝卒於東寧。

　　忠孝字愧兩,崇禎戊辰進士,清貞忠毅。明室既亡,不避艱險,舉義兵,復興化。尋避難入厦門,居曾厝垵。十三年,永曆命官齎勅陞爲兵部右侍郎,忠孝疏辭,永曆復賜勅曰:"王忠孝孤臣亮節,允鑒朕心。新銜未足示酬,尚宜祇受,以資聯絡。俟閩、廣克奠,卿即馳赴行畿,用展壯猷。"忠孝感泣,日望恢復。至是卒。

辛亥,十年,明永曆二十五年

壬子,十一年,明永曆二十六年

【校記】

　　① "主":原作"立",依下文統一改。

　　② "挾":原作"扶",據文意改。

　　③ "截擊":連本作"擊之"。

　　④ "先遣":"先"字原缺,據連本補。

　　⑤ "鄭賈二官":"鄭"字原缺,據連本補。

　　⑥ "十月":連本作"十一月"。

　　⑦ "成功":連本作"鄭成功"。

　　⑧ "卜世用":原作"卜用世",據下文及連本改。

　　⑨ "直揮":連本作"直指"。

⑩ "馮澄世"：原誤作"馬澄世"，據連本改。

⑪ "幼子"：連本作"次子"。

⑫ "象山"：原作"常山"，依上下文行程改。

⑬ "哀吾"："哀"原缺，據連本補。

⑭ 自"叛來降"至"蔡禄郭義"二十三字，原缺，據連本補。

⑮ 自"船千艘"至"主臣"二十一字，原缺，據連本補。

閩海紀要卷下

癸丑,十二年,明永曆二十七年

冬十月,明招討大將軍世子鄭經率舟師次澎湖。

　　初,平南王尚可喜疏請歸老遼東,而留其子安達公之信襲鎮廣州,許之,并令其舉家歸旗。于是平西、靖南二王相繼疏請如平南例,俱報可,遣內大臣促行。靖南王耿精忠蓄逆謀,密令黃鏞入東寧,請濟師爲聲援,鄭經許之,率師次澎湖以待。是月,平西王吳三桂反於雲南,盡有川、湖、雲、貴之地;耿精忠停其歸旗,復使人辭經回師。

甲寅,十三年,明永曆二十八年

靖南王耿精忠據福州反,自稱總統兵馬上將軍,馳檄七閩,皆下之。

　　是時,以吳三桂反,令直省督撫增修武備,精忠益不自安,乃於十五日傳各官議事,總督范承謨、巡撫劉秉政至,伏甲執之。移檄各府縣,皆望風而降。其檄文略云"共奉大明之文物,悉還中夏之乾坤。高皇大業,必留隆準之遺;明室中興,斷有春陵之瑞。誓當推誠翼戴,戮力匡襄。申李、郭再造之功,振晉、鄭相依之業;會周師而反商政,除新法以復漢儀。非惟日月重光,直令山河改色"云。

上將軍耿精忠遣黃鏞入東寧,請濟師。

　　精忠既反,復令黃鏞往東寧,請鄭經以舟師由海道取江南,且以戰地相許,曰:"世藩將水、吾將陸,江、浙可定也。"鏞回言海上舟不滿百、兵不滿萬,精忠始輕之。

明招討大將軍世子鄭經遣禮官柯平入福州報聘。

初,精忠將反,慮下游郡邑不服,故令黃鏞入東寧會師。乃不一月而全閩降附,浙之溫、處,江右之廣信,粵之潮州亦相繼納款,聲勢大振。及見柯平來報聘,意甚輕之,謾應曰:「世藩來甚善,各分地自戰可也。」由是,兵端遂起。

明侍衛馮錫範、右武衛劉國軒督兵入思明州。海澄總兵趙得勝叛,以城降。復攻同安,守將亦降。

鄭、耿會師有成議矣,經乃令錫範等率兵先至廈門。時海澄總兵趙得勝先降於耿,封爲威遠將軍,徵其兵入關,得勝不從,乃以城約降世藩,與錫範深相結。及柯平出福州,知精忠有變意,遂將兵攻同安。時張學堯守同安,精忠徵提督王進功入省,調學堯守泉州,以化尚蘭代之。錫範兵至同安,尚蘭迎降。學堯聞變趨回,家眷已被獲入海矣,不得已亦降。

五月,鄭經至思明州,傳檄四方。

經將濟兵,以參軍陳永華爲總制,留守東寧,自率兵官陳繩武、吏官洪磊等奉永曆二十八年正朔渡海西來,傳檄直省,略曰:「洪惟二祖列宗,豐功偉業,澤潤生民,踐土食毛,世承君德。即有亡國之禍,非有失道之君。而煤山龍馭,死守社稷,尤忠臣義士所椎心而感泣者也。今平西倡義于滇南,靖南反正于閩中,秦、黔、楚、蜀莫不騷動。人懷逐鹿之心,家思執篲之逐。余組練數萬,樓船數千,陸戰而兕虎辟易,水陣則蛟龍震驚。願與同志之士,共效故主之恩,上雪國家之耻,下救生民之禍。凡諸官員,不論漢、滿,有能以城邑、兵馬反正來歸者,各照職加陞委用。其有前係故將,中道離去者,悉赦不究,一本收錄。師之所過,秋毫無犯,非得罪社稷及抗我戎行者,一無所問。嘉與士民,共建匡復之業,永快昇平之樂。」既至廈門,叙海澄功,以趙得勝爲左提督,封興明侯;叙同安功,以張學堯爲左先鋒、蕩虜將軍,化尚蘭爲仁武鎮。鄧麟彩仍知縣事,以鄭省英知思明州。尋遣人至精忠處,議撥船及地方安插兵眾,精忠不答。于是,鄭、耿交惡。

六月,鄭經入泉州。

初,提督王進功降於耿,封爲平北將軍,徵至福州,留之,使都尉王進率兵鎮泉州。進至,與城守賴玉深相結,勒進功家眷入省,精忠復遣兵接應。進功之子藩鎮懼,議先發以制之,乃誘執賴玉殺之,率兵逐王進,遣人迎鄭經入泉州。經慰勞之,以爲指揮使,命暫理提督軍務,道、府、廳、縣,各仍其舊。

海澄公黃芳度以漳州降鄭經,經封爲德化公。

初,精忠反,海澄公黃梧降精忠,封爲和平王,尋病疽死,子芳度襲封。精忠徵其兵,使劉豹守漳州。及鄭經入泉州,芳度懼不免,經使人慰諭之,乃襲殺劉豹,具啓請降,略曰:“某荷恩早世,依襲今兹,宜負弩以前驅,敢乘塵而後至。緣罪在誅殛,非喪面所得自寬;即量加優容,然捫心安能無愧。既爲天壤間所不容之罪,竊比魚鳥之飛潛;自計百十口凡有生之年,總望雷霆之生育。拜遣員弁,奉奏微悃。伏祈宏開覆載,廣布包荒。退補過而進盡忠,豈僅埒於事大之小;生捐軀而死結草,期少圖乎贖罪之功。”啓進,經封芳度爲德化公,授前提督,漳屬錢糧聽其徵給。芳度終不自安,密遣人入京請援。

秋七月,潮州總兵劉進忠以城降鄭經。

進忠據潮州,先降於精忠,封爲寧粵將軍。至是爲安達公尚之信所圍,精忠以泉、漳之變不能援,進忠乃以城降經。經遣援剿後鎮金漢臣率舟師援之,以進忠爲右提督,封定虜伯。

九月,上將軍耿精忠遣都尉王進率兵攻泉州,鄭經命右武衛劉國軒提督諸軍禦之。

王進自泉州奔回,精忠命鎮興化,發兵從上游入漳浦,會劉炎協攻泉州。進鼓行至惠安,肆行焚掠。鄭經乃命國軒提軍禦之。

冬十月,明右武衛劉國軒破王進於塗嶺①,追至興化而還。

王進素號老虎,嘗輕敵南兵,泉州之役,以衆寡不敵爲辭,至是請攻泉州自效。精忠益以步騎二萬,直抵惠安,兵勢甚盛。劉國軒嚴陣待之,對壘逾句,進不能前,退屯楓亭,列營二十餘里。國軒率輕騎覘之,猝遇於塗嶺,王進引兵出戰,自辰至巳,兩軍奮勇死鬥。進敗走,國軒追之興化郭外,宿三日而還。

十一月,周主吳三桂遣禮曹員外周文驥聘於鄭經。

三桂既反,國號周,遣使齎帛書入東寧會師。鄭經令推官陳克峻與副將陳文煥報之。三桂復遣禮曹錢點通問,值耿、鄭搆兵,點回報三桂,三桂乃遣文驥解和,大意以“同室操戈、貽笑敵國”爲言。

鄭經遣興明伯趙得勝、侍衛馮錫範督諸軍攻漳浦。

漳府既約降鄭經,諸邑皆下,獨劉炎據守漳浦附耿精忠。精忠遣兵援之,至平和,黃芳度守將擊却之。精忠復遣親軍都尉徐鴻弼從間道入漳浦。鄭經令趙得勝等由海澄攻之,鴻弼、劉炎會雲霄鎮劉成龍迎戰于羅山嶺。經將左虎衛何祐揮戈邀擊,鴻弼等大敗,退入城。得勝督兵環攻,以紅夷衝天炮擊之。劉炎懼,與鴻弼、成龍出降。

鄭經設六官。

以洪磊爲吏官,楊英戶官,鄭斌禮官,柯平刑官,楊賢工官,各名曰協理;不設兵官,以陳繩武爲贊畫兵部;仍置六科都事、都吏及察言、承宣二司、中書舍人本科等官。初,成功雖承制設六官,文書僅稱卑職,至鄭經中年,文武具啓,始稱臣。軍國事宜,皆決於贊畫陳繩武、侍衛馮錫範。

鄭經以鄭省英爲宣慰使。

初,鄭經率師西來,兵餉皆取給東寧。及得泉、漳,兵將日多,轉運不給,乃議徵餉:百姓年十六以上、六十以下每人日納銀五分,名曰毛丁;船計丈尺納餉,名曰梁頭。以省英爲宣慰使,總理各部錢糧,各縣令以六科都事爲之。又設鹽運使,分管鹽場,以陳廷章爲泉州鹽政、馮錫珪②爲漳州鹽政、李景爲潮州鹽政。鹽價每石二錢,徵餉四錢。又設餉司,科雜稅,以給兵食。

鄭經以鄭得瀟爲中書科。

得灝,明書生,博洽群書,方正澹雅,與陳永華交厚。經至思明州時,永華以書聘得灝與其侄兵部陳繩武同計事,以老辭。既而經徵爲從事,又辭,乃以爲中書科,供筆札、掌箋奏,一時稱爲文辭巨手。

乙卯,十四年,明永曆二十九年

春正月,上將軍耿精忠遣少卿張文韜賀鄭經元旦。

時精忠以船五隻送鄭經,以踐前約,經許之,命鄭斌報聘,以楓亭爲界,各不侵犯。自是,鄭、耿交好。

二月,續順公沈瑞及明左虎衛何祐戰於饒平,大敗,降之。

沈瑞封續順公,駐饒平,劉進忠攻之不克,廣兵援之。何祐遇之於百子橋,破之,沈瑞降,鄭經封爲懷安侯。

三月,鄭經流經略洪承疇眷屬及前進士楊明琅於狼嶠。

時祀洪承疇於學宮,經毀祠,破木主,改祀故相黃道周、忠毅蔡道憲。流承疇胞侄士昌、士倫及其家屬於東寧極邊狼嶠。并責楊明琅“甲申之變過崇禎梓宮不下馬,且斥爲亡國之君”,亦流於狼嶠。後皆死於竄所。

鄭經禮送南安縣劉祐北歸。

先是,將脩南安縣誌,鄉紳以承疇、成功二家請;劉祐曰:“洪不可太褒,鄭亦不可太貶。”經聞其語而感之。精忠之變,祐逃匿光山谷。至是,經令人致聘,將欲官之,辭曰:“吾向者所言,乃公道在人,所不容泯耳,豈爲今日地也哉! 吾官授本朝,城破不能死,已有餘罪,何忍苟降以偷生!”經義之,遣兵護送北歸,禮待甚厚。

夏五月,明招討大將軍世子鄭經率師之海澄。

時黃芳度雖受封於經,其心未嘗忘國朝。饒平之捷,劉進忠請經南征,許之,乃自泉州帥師次海澄,實欲圖漳州。芳度不敢出謁,乃使鄭彬入漳慰諭之:“或率兵從征,或束身入朝。”芳度終不敢受命。精忠移檄召之,亦以疾辭。經始欲定計攻之。

安達公尚之信及明左虎衛何祐戰於鷺母山，敗績。

劉國軒自塗嶺捷後，率諸鎮入潮州，同劉進忠窺取屬縣之未附者。安達公尚之信調兵十餘萬盡銳攻之，相持日久。國軒等以所扎新墟壘次地坦，慮恐騎突，且偵知之信分兵由間道欲繞後邀擊，乃抽回鷺母山，據險以待。之信率兵追之，何祐奮勇衝擊，直貫其中，驍騎出其左右，國軒繼之，之信大敗，奔回。是役以飢卒數千破勁敵數萬，自是何祐名振粵東，廣兵望其旗幟皆遁。

六月，鄭經攻漳州。

經師次寓松關，黃芳度令其眾俱削髮固守，遣其兄芳泰入粵求救。經進攻不利，乃築長垣圍之，調何祐從潮州先攻平和縣，守將賴陞降，屬邑悉下。

英圭黎及暹羅貢物於鄭經，乞互市，許之。

先是，厦門為諸洋利藪，癸卯破之，番船不至。至是，英圭黎及萬丹、暹羅、安南諸國貢物於經，求互市，許之。島上人烟輻輳如前。

冬十月，鄭經陷漳州，夷黃芳度家。

經自六月圍漳，芳度悉力拒守，經數攻不下，列營困之。初六日，芳度標將吳淑獻城降。芳度方登北門巡視，聞變，踉蹌投開元寺井而死。經獲其將黃翼、蔡龍、朱武、張濟、戴隣、陳驥、黃琯等，皆殺之。剖黃梧棺，戮其屍，梟芳度首以狗。梧親屬無少長，皆肆諸市，報發冢之仇也。有請毀梧祖墳者，經曰：“罪止其身，與其祖何與？”不許。時芳泰往廣求援，會其兄芳世率廣兵由汀州入，亦以是日破永定縣，聞漳城陷，乃大掠而遁。初，吳淑自海上投成功，撥歸黃梧標，梧待甚厚，將死，呼淑託曰：“吾兒年少，君可善輔之。”及漳圍日久，淑謂弟潛曰：“梧雖待我厚，顧負先藩實深。今世子待芳度有加，反圖逆命，吾豈可以私恩廢公義耶？”遂決計降，經封為平虜將軍、後提督，潛為戎旗鎮。

鄭經禮葬殉難巡海道陳啓泰。

啓泰字大來，遼東人，爲政豪敢有威。甲寅之變，會海澄公黃梧疽發背死，漳兵亂，啓泰令闔家二十餘口自縊，親爲排列，從容引僚屬入視，皆相顧失色。啓泰談笑自若，乃朝服望闕再拜，自經以死。至是，經入漳州，高其節，盛禮葬于漳之阪。

十一月，鄭經遣龔淳取回日本銀。

故戶官鄭泰所寄也。泰先事芝龍，隆武立，加宮傅，成功起兵，以爲居守戶官。有心計，善理財，積貲百餘萬，別以四十萬寄日本國，以備不虞。癸卯泰死，弟鳴駿來降，使人往取，適鄭經亦遣蔡政至，力爭之，倭首居奇，乃兩不聽儷還。至是，經入泉州，而泰原委寄銀之人龔淳持獻勘合，乃令淳往取，倭人混開支銷，僅得二十六萬而回。

丙辰，十五年，明永曆三十年

春正月，明大將軍世子鄭經遣右虎衛許耀、前衝鎮洪羽狗廣東州郡。

經駐漳州，念廣東州郡未下，乃令許耀等率兵會在潮諸軍，分道進取。

二月，明右武衛將軍劉國軒入惠州。

時平南王尚可喜昏病已久，會周師克肇慶、韶州等府，廣州人人自危。乙卯除夕，駐潮兵燒營遁回，國軒、何祐等分道而進。碣石鎮苗之秀軍程鄉，其妻在汛，使人迎國軒師，之秀不得已，遂降，經封爲滅虜將軍，命鎮碣石。國軒圖惠州，分兵博羅，不利，尋下長樂、新安等縣。尚可喜勢蹙，遂降周，吳三桂封爲輔德公，令退讓惠州，與其子尚之信檄提督嚴自明撤惠州兵回廣，遣使通好，餽弓馬幣帛。乃以國軒鎮惠州。時東莞守將張國勳亦降，封爲征虜將軍。自是，與鄭經分界而守。

鄭經以中書舍人許明廷提督泉、漳學政。

時考拔武生從軍，有"考武不考文"之謠，乃命明廷提督泉、漳學政，考校生童。

夏五月，鄭經遣後提督吳淑襲汀州。

時劉應麟爲副將,守汀州;精忠反,封爲懷遠將軍。至是,檄其出關,應麟不從,密獻款於鄭經。經令吳淑督兵觀望,馳書耿精忠,言欲假道汀州以出江右。精忠遣兵防守,應麟懼見圖,率所部出掠瑞金、石城。吳淑兵至,見汀州有備,欲回,應麟勸淑攻之,一鼓而下,汀州屬邑皆降。報至,經以應麟爲前提督,封奉明伯。

秋九月,總統兵馬上將軍耿精忠遣原提督王進功回泉州。

初,精忠與鄭經脩好,欲以全力圖江、浙。至是,師老無功,大勢已潰,復聞失汀州,益憂內顧。諸將遂密謀歸誠,引康親王入閩。精忠聞變,知爲王進等所謀,乃收進並范承謨、蕭震等,皆縊殺之。欲乘舟奔海,爲都尉徐文耀等所脅,不得出,遣王進功回泉州取救兵,密囑曰:“吾忍死以待!”進功至,鄭經授爲中提督、匡明伯,竟不發兵。康親王兵遂入延、建,精忠勢困,不得已於十九日削髮待罪,迎康親王入福州。

耿精忠興化守將馬成龍以城降鄭經。

精忠既歸誠,馬成龍以興化城降鄭經,經令許耀率兵赴之,以成龍爲援剿左提督,封珍虜伯。

冬十一月,兵及明右虎衛許耀戰於烏龍江,大敗之。

耀入興化,遂督諸軍進取福州,駐師烏龍江。狃於塗嶺之捷,驕縱嬉戲,諸將不服。北兵渡江,或請半渡擊之;不聽。既濟成列,耀倉皇出戰,前鋒小却,耀即引兵先遁,委棄輜重,不可勝計。鄭經乃調趙得勝、何祐代守興化,貰許耀罪,使將兵自效。

明奇兵鎮黃應督水師敗耿精忠舟師於定海。

耿精忠檄會曾養性自溫州航海回閩,黃應等邀擊之,獲巨艦數十號,餘舟且戰且走。

耿精忠邵武守將楊德以城降鄭經。

德守邵武,精忠所署將軍也。聞精忠歸誠,獻款於鄭經。時吳淑駐汀州,疾馳赴之,遂入其城。

十二月,兵及明後提督吳淑戰於邵武,敗之。

北兵來攻邵武,淑督兵迎戰。時大雪嚴寒,淑兵涉溪拒戰,皆凍不能支,遂潰。淑棄邵武,退屯汀州。

明右武衛薛進思棄汀州奔回。

初,吳淑以汀州屬閩、贛要地,請重師彈壓,鄭經使進思守之。及北兵破邵武,進至③建寧縣,距汀州數程,進思聞之,倉皇失措。劉應麟願傾家貲餉兵固守,進思猜疑不從,棄城宵遁。應麟奔潮州依劉進忠,發憤病死。

丁巳,十六年,明永曆三十一年

春正月,北兵入興化,明左提督興明伯趙得勝死之,何祐棄城奔泉州。

烏龍江之役,明諸軍銳氣已喪。正月廿九日,北兵至,縱反間,祐④疑得勝有異志,戰之日,擁兵坐視,得勝力戰死之,祐奔同泉州。

二月,北兵入泉州。鄭經棄漳州,遁入島。

時興化既失,兵心渙散。北兵至泉州,守將林定無備。初九黎明,北兵攻城,一鼓而下,標將林孟、參宿營謝貴死之。林定素與民相安,削髮爲僧,走脫。鄭經駐漳州聞之,倉皇登舟,至海澄,棄而不守,遂遁入廈門,欲回東寧;百姓遮留,角宿營吳桂斂兵拒守,衆賴以安。既而諸將稍集,調水師防衛,分汛而守,賞逃回各將;祭趙得勝,經親臨哭之,以女妻其子。

鄭經誅薛進思,杖許耀,釋吳淑、何祐,責令圖功贖罪。

時各處失守,進思與許耀同繫,諸將爲之請圖功贖罪,不許。于是數進思不戰而逃,罪浮於耀,斬之。杖耀百。釋吳淑,溯何祐前功,奪所佩將軍印,令各戴罪自效。不敷日,耀痢疾死。論曰:自甲寅渡海而西,奄有泉、漳、惠、潮,連勝吳、耿,聲勢豈不赫哉!及襲汀州,兵端一起,北騎隨至。許耀坐妼于峽江,吳淑繼敗于邵武,得勝戰死于興化,何祐奔回于泉州,土崩瓦解,無可如何。進思以親信宿將專制汀郡,曾未一矢加遺,踉蹌逃遁;衆心一搖,棄興、泉、漳如敝屣,伊誰之咎哉?使早明許耀之罰,進思未必敢棄汀州;速正進思之誅,何祐亦不敢棄興化。入島處分,惜哉!至許耀之罪,不死法而死病,人猶以爲憾。

鄭經移北將家眷入東寧。劉炎奔碣石衛。

　　經令王進功、沈瑞、張學堯等各搬眷住東寧,陸續起程。劉炎以母老病,至外洋勒兵劫船,乘風下碣石衛,依苗之秀。

三月,鄭經分水陸汛守。

　　時諸將退守廈門,兵餉不給,乃分汛南北地方借餉、募兵,佈置周密,人始有固志。

夏六月,明右提督、定虜伯劉進忠以潮州來降。

　　進忠性悍,素叵測。乙卯鄭經陷漳州,進忠往謁,經坦率迎之,禮意甚厚,及回,意望甚奢。比經各郡失守,輒擁兵觀望。經遣官至潮州徵餉,不應;遣舟買運,又閉糴;遂獻款於吳三桂。至是來降,封爲征逆將軍,後逮入京,瘐死。

明右武衛將軍劉國軒自惠州還。

　　國軒,武平人,原漳州千總。甲午漳州破,歸成功,累遷至右武衛將軍。入潮,屢有戰功;鎮惠州,粵人畏之。諸郡失守,進忠據潮,尚氏據廣,國軒一軍攝其間,佈置安閒,兩家俱不敢迫。未幾,尚之信、劉進忠相繼來降,聲問隔絕。經遣舟往迎,乃率數部從容航海而歸。

冬十二月,和碩康親王遣興化知府卞永譽、泉州知府張仲舉往廈門撫議,鄭經弗從。

　　初,慕天顏之往東寧也,議照朝鮮例稱臣納貢,不成。至是,康親王遣興、泉二知府同鄉紳黃志義、吳公鵬再申前議,經不從,亦無報使。

戊午,十七年,明永曆三十二年

春二月,明招討大將軍世子鄭經以右武衛劉國軒爲中提督、總督諸軍;後提督吳淑副之,率師狗海澄。

經自七郡之失,頓兵島上。時總督郎廷相、海澄公黃芳世、副都統胡兔按兵漳州,黃藍鎮海澄,分防玉州、石碼等堡。初十日,國軒督軍至海澄,破玉州、三叉河、福滸,尋取江東橋,守將王重祿、呂韜奔潰。適泉、漳援兵至,國軒分兵迎擊。是日,一國軒三戰皆捷,軍聲大振。二十三夜,取石碼,獲守將劉符、楊朝宗,遂軍於祖山頭,以迫海澄。滿州將軍副統孟安自潮來援,國軒退屯石碼,浚濠築垣拒守,遂分兵屯漳州郭外。是役也,國軒部將蘇爵戰却,立斬以狗,諸將皆股慄。又能身先士卒,有被傷者輒出己貲賞之,故衆心悅服,所向皆捷。

三月,周主吳三桂僭號於衡州,遣使聘於鄭經。

三桂在衡州,以三月初二日稱帝,改元昭武。適鄭經使人齎書至,三桂乃遣使致書,署曰"大周皇帝致書鄭世子殿下"。

水師提督海澄公黃芳世及明中提督劉國軒戰於水頭,敗績。

自江東橋之斷,泉、漳隔絕。提督段應舉自泉州來,寧海將軍喇哈達自福州來,平南將軍賴塔自潮州來,先後率兵應援。國軒倏水、倏陸,滿、漢兵疲於奔命。初二日,國軒列陣漳郡東赤嶺,北兵背城迎戰,互有勝負。時朱寅率兵扎天寶山,以牽北兵之勢;黃芳世擊走之,乃移屯水頭海,砍樹塞鎮門,以斷北兵往來水路。國軒偵知,僞焚營壘,撤兵爲遁狀,少頃,舉帆直抵水頭,登岸鏖戰。芳世素不知兵,又以天寶山驟勝而驕,與滿將不相下,一戰而潰,驚惶墜馬。奔回漳州,抱病月餘而死。國軒兵勢日盛。

提督段應舉及明中提督劉國軒戰於祖山頭,敗績,國軒遂圍海澄。

應舉及滿、漢軍兵數萬列營祖山頭。三月十八日,國軒兵至,應舉麾兵迎戰,何祐小却,江勝、吳淑等繞出左右之背,國軒督勁卒衝滿州營,滿兵驚走,衆遂潰。國軒又以疑兵截漳州大路,滿、漢望見,棄輜重,自相踐踏。應舉率殘兵奔入海澄,國軒追至城下,連夜鑿塹引江水環城圍之,外又鑿溝數重,沿堤兩岸安銳守之,由是中外隔絕。昴宿營張雄乘間取平和,副將蘇瑞麾取漳平,皆下之。

夏五月,江南提督楊捷率師援海澄,爲劉國軒所敗。

時總督郎廷相入京,以布政姚啓聖代之,勒巡撫楊熙致仕,以按察使吳興祚代之,尋調江南提督楊捷代段應舉,援兵四集,屯筆架山,以救海澄。劉國軒以山南燈寨下臨大溪,順流可通海澄,恐北兵據之,問誰敢阨守? 吳淑請往,乘夜率兵進寨。初十酉刻,北兵發炮攻擊,連夜不絕,淑令軍士穴地藏身,無一傷者。馳報國軒,以爲乘夜發炮,意不在寨,當別防之。信至,滿、漢軍兵已齊抵祖山頭岳嶺,破林彪、張鳳二營,鳳戰死。進攻林陞營,適國軒救兵至,發大炮齊擊之,死者無數,滿騎多填於塹,遂退走,海澄援絕。

六月,明中提督劉國軒陷海澄,提督段應舉死之。

海澄素無蓄積,被國軒圍城八十三日,滿州甲兵二千、馬八十餘匹,合各鎮兵計二萬餘人,至是食盡,屍橫枕藉。國軒於初十日進攻,衆力不支,城遂破。應舉從容自縊於敵樓,穆伯希佛自焚死,黃藍戰歿,獲孟安、魏赫、田香五等,滿、漢兵無一遺者。國軒入城,厚歛段應舉,付家人舁還。所獲諸將,鄭經皆釋之,授銜給俸,遷之東寧。

明鄭經晉其將中提督劉國軒爲武平伯、征北將軍,吳淑爲定西伯、平北將軍,其餘營鎮各陞賞有差。

經以恢復海澄,或戮力行間,或著績守禦,水陸諸將咸有功次。既晉國軒等封爵,仍陞右虎衛何祐爲左虎衛將軍、前虎衛林陞爲右虎衛將軍,俱授左都督;鎮營各加級有差。

朱寅率衆歸鄭經,經封爲蕩虜將軍。

寅,漳浦人,挾左道惑衆。鄭經丁巳之敗,詭稱三太子,收集海上殘兵。三月十九夜,襲泉州,扳堞而入,率三百餘人從西門至開元寺,鳴鼓揚旗。守泉兵昏夜出其不意,以爲海兵復至,多驚竄。值城門炮發,寅乃抽兵而出,守兵追之,按兵徐行,無一死者,人益以爲神,歸附日衆,屢戰皆捷,蔓延於泉、漳屬邑,聚萬人,頭裹白衣爲號,時人謂之白頭賊,海上亦藉壯其聲勢。至是,率衆歸經,經封爲蕩虜將軍,改姓蔡名義,歲餘病死。

明中提督劉國軒率兵攻泉州,屬邑皆下。

海澄之破,閩省震動。諸援兵退守漳州,國軒議乘虛擣泉州。吳淑分兵復長泰,國軒自率諸軍攻同安。時都統雅大里自浙江調兵援海澄,至同安而海澄破,聞國軒至,棄城走退泉州,國軒督水陸攻之。左虎衛江勝攻南安,下之。于是,惠安、安溪、永春、德化諸縣守將皆相繼棄城遁走。

秋八月,林賢、黃鎬督舟師攻定海,明守將蕭琛兵潰,水師五鎮章元勳死之。

泉州圍急,以林賢等督師出閩安鎮,遙爲聲援。蕭琛守定海,不及設備,以舟寡且小,欲據上流牽制。元勳欲先發制之,以所部十船進戰。林賢等擊之,元勳衆寡不敵,一軍盡没,蕭琛大潰,奔海山。

鄭經召劉國軒旋師,所得諸縣皆棄。

國軒攻泉州,閱兩月不下,援師四至。七月,寧海將軍喇哈達間出,安溪學士李光地練鄉壯爲嚮導出同安,巡撫吳興祚由仙遊出永春,提督楊捷由興化下惠安,國軒對壘相待,援兵皆未敢向前。會蕭琛失定海,妄報福州水師大至,經恐廈門有失,檄國軒解圍退守。二十四日,國軒退兵下船,援兵不敢追,越三日,城中兵始敢出。國軒既退,所得州縣皆失。經召蕭琛回,斬之。以援剿左鎮陳諒、右鎮陳起明、樓船左鎮朱天貴督水軍防禦北船。

偽周主吳三桂死,孫世璠立。

三桂病死衡州,其孫世璠立,年甫十二,改元洪化。姪應奇守岳州,驕而貪,北兵攻之,棄城遁回。于是湖、雲、貴皆不守,周至於亡。

九月,耿精忠及國軒戰於龍虎山,敗之。

國軒自泉州退兵,復率諸鎮入漳,軍於溪西。滿、漢兵盡銳攻之,國軒力戰,擊敗之,乘勝長驅,衝至耿精忠營。精忠故仇海上,揮戈迎戰,親自督陣,大呼疾驟。諸軍繼進,國軒奔潰,遂棄長泰,出江東,退屯觀音山。

冬十月,總督姚啓聖遣中書張雄入思明州議和,鄭經弗從,禮遣張雄歸。

時泉、漳屬邑皆復,獨海澄未下,啓聖難以復命,乃遣漳州進士張雄往廈門議和。略云:"昔令先王震動天威,亦不忍父老嗟怨,靜處臺灣;今貴藩誠能體會先志,念井里瘝痍,翻然解甲息兵,天和人順,榮華世世。數月徒勞士卒,塗炭生靈,亦何益於貴藩哉? 即從貴藩下遊者,今昔人心不同,事變難測,能不顧念及此? 近悉貴藩大有惻隱桑梓之念,故脩章布悃,惟望息心畢論,並遣使偕臨。"經復書云:"頃承明教,以生民爲念,不佞亦正以生靈塗炭,不忍坐視,故脩矛繕甲,相與周旋,億萬生靈所共諒也。天心厭亂,殺運將回,苟可休息,敢不如命。禮應遣員奉教,但貴使之纜未解,而諸將之戈已揮。彼此差池,未及如願。"時張雄回,啓聖復遣泉州鄉紳黃志美齎書入廈門再議,將以必得海澄,乃可通好。經終不從。

十二月,再遷界。

甲寅之變,閩省居民遷入內地者,悉還故土。丙辰冬,八閩歸順,復令遷界,康親王奏言遷界累民,罷之。至是,督撫請遷,報可。會破海澄,圍泉州,事暫停。及泉州圍解,遂行遷界之令。上自福州、福寧,下至詔安,沿海築寨、置兵守之。仍築界牆以截內外,濱海數千里無復人烟。

己未,十八年,明永曆三十三年

春二月,舟師及明援剿左鎮陳諒戰於定海,敗績。

鄭經自定海失守,遣樓船左鎮朱天貴守海壇,以陳諒爲水師總兵,進定海。北兵戰船百餘號出五虎門迎戰,朱天貴及陳起明督船衝艭而入,北船望風披靡,破十餘船,失大烏船一隻。值大風起,北船逃入五虎門,海船收泊海壇。報至,經加諒、天貴統領,餘各有差。

三月⑤,鄭經以李景知思明州。

經以師需浩大,議派殷戶富民,洋船、商船照上、中、下派取,以知州李景任其事。令未下,樊門寡婦辛氏先輸銀三百兩,經嘉其向義,賜金花、彩緞⑥旌獎。李景任事苛刻,島人怨之。

明中提督劉國軒辭俸自餉其兵。

自丁巳之變,島民月輸米一斗佐軍,久之,多藉勢廕免。乃令儀衛陳慶清查漏口,每月加米二斗。國軒請停文武官員月俸,自餉轄兵三月,經從之。

夏四月,明參軍御史陳永華請世孫克𡒉監國,經許之。

甲寅鄭經率師西來,留陳永華總制守東寧。至是,以世孫克𡒉長,請循"君行則守"之例,立爲監國,許之,鑄印曰"監國世孫之章"。克𡒉,永華之壻也,時年十六。

秋七月,明中提督劉國軒築潯尾寨。

潯尾與廈門高崎咫尺隔一水,癸卯北兵從此入島。國軒請築寨預防之,一夜而成,同安守將來爭,擊却之。復築泖州城。由是,同安八槳船不敢窺伺廈門,西北藉以無虞。

康親王命中書蘇鑛入廈門議和,鄭經遣賓客司傅爲霖報之。

前後議和不成,蘇鑛致書再申前議,康親王使鑛至廈門,請脩好。經乃命爲霖入省,沿途府、縣供應,巡撫、布政遣官至興化接待。至省,見康親王,面議海澄及往來之禮。爲霖曰:"區區海澄,議成之後爲彼此公所。若康親王在閩,藩主並行往來;親王回京,各設官往來。"總督姚啓聖以非出己意,力阻其事,遂止。

冬,耿精忠及劉國軒戰於坂尾寨,敗績。

時國軒離漳州五里列營,滿、漢兵援兵十餘萬,營壘咫尺相對,國軒僅萬餘人,指揮自如,滿、漢畏之。以果堂扼要重地,就於坂尾再築一寨。國軒工未就,耿精忠與提督將軍率滿、漢兵數萬,銳不可當,國軒與何祐、吳淑、林陞、江勝等兵不滿二千,奮力死鬥。自午至申,衝擊數次,國軒依寨,且戰且守,每發炮,無不披靡,陣殺章京巴石兔等。滿、漢兵死傷數千,始引回,自是氣奪,兵不敢出。國軒每令卒數百持鹿銃、鳥鎗,渡河衝擊,身登土阜,據胡床張蓋而觀。滿、漢遇之,皆摧破。又善用間諜,北兵情狀,纖悉必知。

十一月,明後提督定西伯吳淑卒於軍。

淑守坂尾寨,北兵築壘環攻,炮聲日夜不絕,淑處之晏如。後因傷染病,不以爲意。值陰雨,新築壘墙多壞,揮左右避之,自據床而臥,墙崩壓死。舁至廈門,經親臨哭之,以其子吳天駟爲建威右鎮,統其兵。

十二月,鄭經遣右武衛林陞督舟師北上。

時總督姚啓聖、巡撫吳興祚大集舟師攻廈門。經乃調文武官船及洋船配兵北上,以右武衛林陞爲總督,左武衛江勝、樓船鎮朱夫貴爲左右副將,率諸軍來禦,臨行宴之。

鄭經禮遣死節故巡海道陳啓泰子陳汝器北歸。

汝器,故巡海道陳啓泰子也。丁巳[7]夏,自京來運父骸,爲中左守將所執,羈于東寧,經令水師鎮林亮監之。亮以其忠臣之子,待之甚厚。至是,總督以萬金贖之,經憫啓泰忠烈,却其金,禮遣汝器回。汝器至京,詔授右通政,尋擢安徽巡撫。

庚申,十九年,明永曆三十四年

春正月,水師提督萬正色入海壇。

正色督水師戰船出閩安鎮[8],巡撫吳興祚率兵援之。林陞等退入崇武,正色入海壇。

二月,水師提督萬正色及明右武衛林陞戰於崇武。

正色至圍頭,明朱天貴以七船衝其艅,所向無前。偶海風大作,船收入泉州港。吳興祚督陸師沿海濱放炮,林陞等船無所取水,乃退入金門。報至,思明州驚惶,以爲戰敗,各思逃竄,衆心遂摇。

鄭經召劉國軒退守思明州,遂棄海澄。

二月二十二日,經聞林陞退守金門,以爲戰敗,急馳諭令國軒退守思明州,以爲思明州若失,海澄何益。國軒不知,以爲實然,遂棄海澄入廈。比及林陞啓事,頓足歎曰:"右武衛戰勝,若此驚怖;苟敗,何所逃生!誤壞大事,貽笑千古矣。"

鄭經棄思明州,回東寧。

時國軒全師引回,猶欲據廈門,然兵心已變,不可收拾。諸文官如楊英、洪磊等已先携眷登舟,諸軍乘間擄掠,國軒禁之,不止。懼爲人所圖,乃焚演武亭行宮,輜重、寶玩悉毁於火,踉蹌回東寧。時二月二十六日也。二十九日,次於澎湖。諸文武士民俱接踵而至,總制陳永華具啓請回國,經許之。

總督姚啓聖、巡撫吳興祚、水師提督萬正色率兵入廈門。

鄭經既去,海兵乘機劫掠,協理五軍吳桂調兵禁戢,民賴以安。尋渡江請師,二十八日,姚啓聖等率兵入島,秋毫無犯,百姓歡呼。

三月,鄭經至東寧。

經於十二日至東寧。其母董太妃召責之曰:"若輩不才,莫如勿往。今觀此舉,徒累桑梓、苦生靈,是何益哉!"

夏五月,東寧雨雹。

時地鳴,聲如驢,尋雨雹,如雞卵。

總督姚啓聖招降明樓船左鎮正統領朱天貴。

鄭經棄廈門,朱天貴統所部全軍屯南澳,船百餘隻,軍容甚盛,進退未決。姚啓聖累遣官致書招之,乃進泊銅山,於五月率所部入海澄投誠。

明總制陳永華辭解勇衛軍,鄭經許之⑨。

永華留守東寧,兼領勇衛軍。侍衛馮錫範知思明州之棄,衆咸歸咎於己,非握重兵,不足以壓衆。及至東寧,察諸鎮兵,惟勇衛軍最驍壯,詭謂永華曰自愧護西征無效,擬欲辭職。永華念曰:"彼武夫也,尚能謙退;吾儕文士,豈可久戀重權!"即具啓乞解兵柄,并辭總制。馮錫範密贊,經許之,以其軍歸劉國軒,而己仍任侍衛。

鄭經籍民兵自衛。

甲寅耿精忠變,世子傾國西來,至是,棄思明州東歸,兵將日叛去,隨回僅有千餘,恐北兵乘虛來攻,乃籍文武官田甲與百姓丁壯,每十人抽一人,訓練自衛。

秋七月,明諮議參軍、右都御史陳永華卒。

永華字復甫,明諸生,孝廉陳鼎之子。鼎爲同安教諭,死節;成功憐永華爲忠臣之子,延與世子伴讀。及世子嗣位,授爲參軍,甚見親信。甲寅西來,擢總制,留守東寧,戢兵撫民,供給軍需,俱有條規,尤愛惜士類。爲政佐以儒雅,東寧賴以又安,爲經文臣第一。至是卒,而大權盡歸馮錫範矣。

冬十月,鄭經命右武衛林陞率兵墮鷄籠城。

鷄籠在東寧之北,居淡水上游,其澳堪泊數百船。先是,呂宋夷建此城,與土番貿易,因遠餽不給,棄去。後紅夷及成功據臺灣,不守其地。癸卯,總督李率泰約紅夷攻金、厦兩島,並許力請東寧歸之,後僅許其就省交易,紅夷知爲所紿,於乙巳重修鷄籠城,謀復東寧。丙午年,經命勇衛黃安督水陸諸軍攻之,親隨營林鳳戰死,紅夷無外援,遁還之。至是,傳北兵欲從此飛渡,恐其據爲老營,乃命林陞北巡,並毀其城。

鄭經委政其子監國克壓。

經素不親政,在東寧則委參軍陳永華,西征則委贊畫陳繩武、侍衛馮錫範。至是,乃委於監國克壓。凡文武啓章裁決呈上,契合世子意。其賦性剛決,頗有賜姓遺風,諸公子及錫範皆深忌之[10]。

辛酉,二十年,明永曆三十五年

春正月壬午,招討大將軍延平世子鄭經殂。

經字賢之,工詩賦,善弓馬,推誠待人,禮敬明室遺宗。嗣王位十九年,雖得七郡,雄據一方,而終身自稱世子,奉明正朔,終不少變,甚協輿論,稱述不忘。惜性質柔懦,怠於政事。自厦門歸,溺於酒色,無復西征之意,東寧之業遂衰。至是,殂於承天府行臺,時年四十,爲正月二十八日。

明侍衛將軍馮錫範與諸公子共廢監國克壓,縊殺之。

　　初，世藩未有子，嬖妾生女，密取他人子代之，即克𡑇也。其事甚秘，世藩不知，甚愛之，立爲監國。世藩臨終，授以劍印，命中提督劉國軒輔之。錫範以克𡑇非世藩之子，且欲立其壻克塽，乃與國軒及諸公子請於董太妃，收還劍印，尋縊殺之。

二月，明董太妃命世孫克塽嗣延平王位，仍稱招討大將軍世子。

　　克塽，世藩子也，時年十二。諸文武官上啓勸進，太妃乃下教令立之。事無大小，皆決於馮錫範矣。

鄭克塽頒國憂令，諭於諸軍。

　　其略曰：“氣運遭廻，我父藩規恢未就，薪膽自勵；不幸於正月十三日遘疾，至二十八日登遐於寢殿。惟茲世庶悲號，既扳髯而莫逮；遙念將軍暴露，倍摧膽以震驚。文到之日，諸大小將領及諸兵士掛孝三日，釋服辦汛。嗚呼！先德是念，知臣心之愛無窮；小子告哀，惟匪躬之報是望。”

鄭克塽以其叔鄭聰爲輔政公。

　　聰，成功次子。克塽初立，以太妃命封爲輔政公，授以令諭，略曰：“屬當家造之披離，遺我末嗣以艱大。未知臧否，罔克負荷。幸蒙太祖之慈訓，爰命叔父以匡扶。爲賢爲親，木水篤本源之誼；維誠維翰，廈棟獲磐礎之安。繄予小子，寵承我祖我父之洪庥；抑亦太叔，克敦爲子爲弟之大義。”然聰庸懦，事少決斷，惟侍衛馮錫範是從。

鄭克塽晉中提督武平伯劉國軒武平侯、馮錫範忠誠伯。

　　克塽以翊戴功，晉國軒武平侯、錫範忠誠伯兼贊機務。

鄭克塽命戎旗四鎮董騰守澎湖。

　　自棄厦門東歸，澎湖不設守備。至是，以國喪，恐北兵乘釁來攻，乃議撥兵防守，以騰係國戚，命守之。

鄭克塽以其叔鄭明、鄭智爲左右武[11]驤將軍。

　　明，成功第三子；智，第五子也。時有爲國謀者，以大權歸臣下，公子募兵爲羽翼，明、智以聞，乃授是職。

夏四月,承天府災。

監國夫人陳氏自經。

　　初,克㙮被收禁,顧謂陳氏曰:“耳目非也⑫,恐不相保。”陳氏曰:“夫在與在,夫亡與亡,必不相負!”及克㙮見殺,董太妃以陳氏父永華爲國之望,禮待撫慰,詢其所爲。陳氏泣曰:“昔爲箕帚婦,今爲罪人妻。願出別室,待亡夫卒哭,即相從地下耳!”許之。陳氏旦夕臨哭,日啜苦茶數勺。既卒哭,沐浴自經於柩前。

鄭克塽上招討大將軍、延平王、晉潮王、國姓成功謚曰武,嗣位世子經謚曰文。

　　初,永曆封成功爲延平王,尋晉潮王,成功讓不敢當,終身祇稱大將軍。至是,克塽拜表,請謚爲武王,並世子謚爲文王。其略曰:“竊惟國有藎臣,世篤棐忱;朝行謚典,用闡幽光,所以昭公道而勵臣節者也。粵自甲申板蕩以來,虜氛肆播。不共之仇,惟臣家罹禍最慘;匡復之業,亦惟臣門匪躬不懈。伏念臣祖成功賜姓封延平王、晉潮王,誓師奮武,聲震三吳;暨臣父經,奉朔討罪,恢復七郡。天運未回,事多廢沮。而義問昭于六宇,心血亦竭于畢生,此祖宗神明所共鑒其精誠也。臣祖、臣父,咸以勞瘁致殞,年皆不踰四十。生荷朝廷王爵之頒、屬籍之賜,猶欿然以國恥未雪,夙夜靡遑,不敢坐享榮貴,虛席名號。兹既殂喪,即欲更捐膚髮筋骨,圖報國恩,亦痛心於無從矣。緬稽古典,勳臣勤死,厥有贈謚。今君門萬里,弗獲請命;惟是諸臣以臣祖、父勳在社稷,例有易名,僉舉謚法,以表忠貞。敢借一字之華袞,用慰九泉之忠魂。伏乞俯循公論,錫以譽命,庶稽勳有光於史册,而志士亦樂效於疆場矣。”

又上世子妃唐氏謚,曰文妃。

　　唐氏爲明兵部侍郎顯悦孫女,貞節有禮,不苟言笑。經惑於嬖妾,久不見答,抑鬱而卒。及經病革,乃追悔前非,遺命合葬。至是,謚文妃。克塽嫡母也。

六月，明潮武王妃董氏卒。

妃爲成功夫人，經母，泉州鄉紳董用先侄女。方正端雅，凡理家政、處妾媵，俱以賢德見稱。辛卯馬得功入島，妃獨懷其姑木主以行，成功嘉其識大義，尤加敬禮。居常無事，深戒子孫以撫恤民瘼爲念。至七郡之失、廈門之棄，每云“若輩不才，不如勿往；今徒苦生靈，使百姓流離至此，須加軫恤”。凡難民得免丁役者，皆董妃之賜也。

秋八月，東寧中軍營火。

時災異數見。九月，塗墼庭火。

冬十月，鄭克塽殺賓客司傅爲霖。

爲霖，先同鄭纘緒入泉州投誠，授爲湘江通判，革職歸。甲寅之變，以爲賓客司，甚見親幸。及經卒，爲霖即以密書通總督姚啓聖云：“東寧廢長立少，主幼國疑，權門樹黨，人心失望，可乘時進取之機也。”約爲內應。事發，克塽乃收爲霖磔之，其子⑬弟黨羽皆斬。

明侍衛馮錫範殺懷安侯沈瑞。

瑞在國朝襲父職續順公，鎮潮州，爲進忠所迫，出屯饒平。鄭經令何祐攻之，不得已，降，封爲懷安侯，遷之東寧。至是，人利其財，誣其與傅爲霖謀，馮錫範遂收之，令自經。其祖母及母皆自縊。瑞妻鄭氏，禮官鄭斌女，斌欲全之，鄭氏守義，亦自經以殉。

鄭克塽脩葺戰船。

時聞北兵將內侵，議脩戰船，命水師鎮林亮董其役。

鄭克塽命武平侯劉國軒總督諸軍守澎湖。

先是，以右武衛林陞代董騰守澎湖，至是命劉國軒爲總督，率諸鎮往戍，授以令諭，略曰：“惟武平侯聲塞宇宙，義炳月日。電掣風驅，膽落望劉之幟；虎張機駴，氣奪撼岳⑭之軍。草木已知其名，樓船亦壯其烈。茲特命爾總督諸鎮營兵，駕我大小戰船，前往扼守澎湖，遏截虜船。魚龍隊裏，獨高殺氣之英騰；霹靂聲中，倏見敵舟之齏粉。豈不休哉！”

鄭克塽以天興州知州柯鼎開爲贊畫中書舍人。

鼎開，刑官柯平之子，大將軍儀賓也。秀美能文，尤工詩賦。爲知州時，愛惜士類，民亦戴之。至是，以爲贊畫中書，諭曰：「爾性質朗潤，氣度溫藹。由其式穀能似，謝家固自有其鳳毛；以故公姻夙連，柴氏亦分榮夫蟠李。沺方州而歌其襦袴，瞻氣宇足資乎棟樑。兹陞爾某官。爾其朝夕照美，糾繆繩愆。以無怠左右輔直，墍茨丹艧；而必休戚攸關，崇本未艾。」

又以萬年州知州張日曜爲天興州。

日曜，忠匡伯張進之子。由長泰縣擢至天興州，諭曰：「立政惟在養民，譬築室先厚其址；良材足以治劇，如遷鶯乍出于喬。爾從忠孝起家，著神明而茂宰。謠興賈檟，慈惠已播于萬年；兆合夢刀，明陟正及乎三載。兹轉授爾爲天興知州。治衆有如治寡，適應輕車熟路之材；保赤即爲保民，無待攀轅臥轍之苦。爾尚益懋前修，悉布中悃。勸相惟求安静，將歲計而有餘；禔福必及氓萌，行敷歷而大受。敬哉無忽！」

鄭克塽命右武衛將軍何祐督諸軍守雞籠、淡水。

淡水與福州相對，天色晴明，山勢可以望見。恐北兵從此潛渡，乃命何祐督諸軍防禦，以先鋒李茂副之。

鄭克塽稅鄉社民居間架。

東寧府治居民，原有稅間架之科，惟鄉村茅舍無稅。至是，工官楊賢建議徵之，百姓患焉，自毀其居，十去其三，然事終不行。

壬戌，二十一年，明永曆三十六年

春二月，明鄭克塽遣陳福及宣毅鎮葉明往淡水取金。

淡水通事李滄願取金自效，克塽乃遣監紀陳福等同往。至產金之處，土番執銳扼要以待，曰：「吾儕累世恃此爲活，若漢人來取，不特害生，且爲受勞。不回，必決一死。」譯者以告，福乃引回。

雞籠山大疫。

時值疫氣盛行，汛守兵死者過半。

鄭克塽以儀賓甘孟煜知天興州。

孟煜，崇明伯甘輝子，善屬文，性明敏。爲州時，民有欠糧者，數限不能完，皆代其債，民奮然曰：“後期當如數全完。”已而果然。孟煜察其色悽愴，詰之，民泣曰：“鬻女所得也。”孟煜憐之，出俸金贖還。其仁恕類如此。又以吏官洪磊兼理戶官事務。

磊，忠振伯洪旭子，事經爲吏官，親信亞於馮錫範。至是，命兼理戶官事務，諭曰：“掄才以適用爲宜，寇平仲不循例簿；管計非清修不可，房玄齡兼領度支。惟其至明出於至清，故知馭貴即能馭富。念爾清操，兼有長材，是用授爾爲吏官，兼協理戶官事務。爾其合内外而酌盈虚，兼有無以準輕重。但能不畜聚斂之臣以阜吾民，則有人理財合而爲一。更念既富方穀之義以植國本，則養賢、致民道亦在中矣。敬哉。”

三月，白虹貫日。

秋七月，明武平侯劉國軒調撥諸將守澎湖，而己回東寧。

時聞總督姚啓聖調兵回汛，乃撥諸將守澎湖，暫回東寧。是月，安平鎮火。

八月，北路土番反，命宣毅鎮葉明討平之。

雞籠城之守，凡軍需、糧餉悉着土番沿途接迎，男子老幼均任役使。督運弁目酷施鞭撻，土番不堪，乃相率倡亂，新港、竹塹諸社皆應。于是，克塽命葉明等會剿，土番逃入山，尋請降，許之。

冬十一月，明中提督劉國軒赴澎湖。

時聞水師提督施琅題請專征，相機進取，報可，國軒乃往澎湖視師。

十二月，承天府災。

是時歲飢，米價騰貴，民不堪命。承天府火，沿燒一千六百餘家。國軒乃自澎湖歸。

癸亥,二十二年,明永曆三十七年

春正月,鄭克塽以忠誠伯馮錫範爲左提督。

　　時值歲飢,民多餓死。復聞北兵將來攻,乃以錫範爲左提督,備兵鹿
耳門。

夏四月,鱷魚登澎湖島,死於民家。

　　澎湖素無鱷魚,忽一日從海登岸,長丈餘,四足,身有鱗甲火炎。百姓
驚異,以冥鈔、金鼓送之下水。越三日,又乘夜登山,死於民間廚下。安撫
司楊秉模具啟以聞。

五月,明中提督劉國軒率師至澎湖。

　　國軒以銃船十九號、戰船十六號、兵六千人分撥諸將防守,身自往來督視。

大星隕。

　　東寧於五月十一日雨,夜有大星四墜下,各有小星隨之。

下淡水山頂噴泥。

　　下淡水地氣甚熱,居者多病。有一山絕頂噴泥,浮於溪中,夜見光炎如
火。老番私語云:"欲易代者固如是也。"自紅夷竊據及國姓開創以至於
今,皆一一爲人道之。後果驗。

五月,大雨。

　　東寧旱荒已三年,至五月二十八日,突降大雨。六月初六日方晴,溪谷
皆崩。

六月,水師提督施琅率兵攻澎湖,明中提督劉國軒敗,退還東寧。

　　是月十四日,琅自銅山開駕,戰艦六百餘號、甲士六萬餘人。十五日,
至澎湖。十六日,國軒督兵迎戰。右武衛林陞率所部直衝其�঵,賈勇奮鬥,
所向無敵,琅兵退遁,隨潮而西,陞亦傷炮歸。國軒自度舟少,且軍士閱月
無糧,恐其乘機潰,乃不敢追。琅于是夜得安閒,拋泊洋中,放炮收軍,諸船
星散,越三日始陸續畢集,移次八罩。國軒笑曰:"誰謂施琅能軍,天時、地
利尚莫之識!諸軍但飲酒以坐觀其敗耳。"蓋澎湖六月北風,常有颶風至,

八罩流水湍急，島下有老古石，剛利勝鐵，凡泊船下椗，遇風立壞，故國軒以爲喜也。時數起風，俄而雷響即止。八罩井泉稀少，平日不足供十人，茲忽泉湧，琅軍六萬餘人用之不竭。國軒聞之失色，皆知天意有在也。二十一日，琅集諸將，申號令，嚴賞罰，自督諸軍，蜂擁齊擊，以六船攻一船。國軒令江勝、邱輝、陳起時迎戰，各奮死力，一以當百。邱輝之船，軍士盡殲，猶手自擊殺，鮮血濺水有聲，撫劍疾視，琅兵不敢向前，然大勢已去，乃自發火藥焚死。而琅亦用火船乘風縱發，烟焰彌天，海船相繼焚燬，勝等皆陣歿。國軒知勢不敵，急駕小船從吼門遁回東寧。琅遂得澎湖，迎降兵將受傷者，令人醫治，賞以袍帽，給以餱糧，送之東還，皆感泣拜舞，歸相傳説。東人由是大悦，各思歸順。

閏六月，明招討大將軍延平王鄭克塽遣刑官鄭英平、賓客司林維榮奉表請降。

時國軒自澎湖敗歸，知天意有在、人心瓦解，遂決意投誠。適提督施琅使曾蚩至國軒招撫，國軒即首倡降議。克塽年少，不得自主，乃遣英平等齎降表赴澎湖。略曰："論域中有常尊，歷代紹百王而得統；觀天意所攸屬，興王宅九土以受符。誠五德之推移，爲萬彙所瞻仰者也。伏念先世自矢愚忠，追懷前代之恩，未沾新朝之澤；是以臣祖蓽路以開東土，臣父鞜韋以雜文身。寧敢負固重險，自擬夜郎；抑亦保全遺黎，孤栖海角而已。迨至先人弛擔，乃俾稚子承祧。當思畏天之威，莫求縮地之術。茲蓋伏遇皇帝陛下，高覆厚載，仁育義懷。底定中邦，如旭日升而普照；掃擴六宇，如浮雲蔽而乍消。苟修文德以來遠人，寧事勝心而焚海内。乃者軸轤西下，自揣履蹈之獲愆；念此血氣東來，無非霜露之所墜。顔行何敢再逆，革心以表後誠。昔也威未見德，無怪鳥駭于虞機；今也誤已知迷，敢後麟遊于仁囿。伏願視天地萬物爲一體，合衆胥寄棘于大同。柔遠而邇能，形民固無心于醉飽；貳討而服舍，依魚自適性乎淵泓。夫且問黃耉之海波，豈特誓丹誠于皎日也哉！"表奏，帝降勑至京入覲，封爲漢軍公。自國姓起兵，迄世孫凡三世，奉永曆正朔三十七年，至是降而明朔亡。

明建威鎮黃良驥、水師鎮蕭武、中提督中鎮洪拱柱等謀奉公子鄭明奔呂宋，不果。

拱柱恐世孫投誠，有意外之患，乃議奉公子鄭明往攻呂宋，再造國家，以存鄭祀，世孫從之。輜重已移在船，會有傳其欲大掠而去者，國軒止之，不果行。

東寧降議成，明寧靖王朱術桂死之。

寧靖王術桂，字天球。南都破，間關流寓島上。後至東寧，成功父子禮之甚厚。至是，見世孫降，自以明室宗親，義不可辱，乃朝服拜二祖列宗，作絕命詞曰："艱辛避海外，總為幾根髮！今日事已畢，祖宗應容納。"遂從容自經。妾王氏、袁氏、梅姐、荷姐、秀姑，皆縊以殉。見聞之人，莫不流涕，謂其可與北地王爭烈矣！

【校記】

① "塗嶺"：原作"塗巖"，據下文改。

② "馮錫珪"：原作"馮錫範"，據上下文改。

③ "進至"：原作"進思至"，據文意刪。

④ "祐"：原缺，據文意補。

⑤ "三月"：原作"二月"，依上下文改。

⑥ "彩緞"：原"緞"字缺，據連本補。

⑦ "丁巳"：原作"丁亥"，康熙初無丁亥，因改。丁巳，康熙十六年。

⑧ "閩安鎮"：原作"黃安鎮"，徑改。

⑨ "軍鄭經許之"：原缺，據連本補。

⑩ "及錫範皆深忌之"：原缺，據連本補。

⑪ "武"：原缺，據下文補。

⑫ "也"：連本作"是"。

⑬ "子"：原缺，據文意補。

⑭ "撼岳"：原作"撼兵"，據連本改。

校 點 後 記

《閩海紀要》二卷,清夏琳撰。夏琳,字元斌,福建泉州人。生平不詳。

是書以編年體記鄭成功及子鄭經、孫鄭克塽三世事。起於清順治二年(明隆武元年,一六四五),止於康熙二十二年(明永曆三十七年,一六八三)共三十九年,而於此前鄭芝龍起兵海上,旋受明廷招撫,助平山寇,抵抗紅夷,經營安海、中左事未予記述。

書分上下卷。上卷主要叙鄭成功事,直至北上失敗,收復臺灣,鄭經嗣王,枝梧海上。下卷述鄭經經營臺灣,乘三藩之亂,收復泉、漳七郡,至清軍攻克澎湖,鄭克塽投降止。書雖嚴守綱目體,條理清晰,文字簡潔,但上、下卷風格不甚一致。上卷少鋪叙,記事簡略,基本以鄭成功行事爲綱,鮮有旁涉;下卷則往往延及鄭氏麾下將領,記事亦稍詳,且收入不少鄭氏詔令及與他人之書啓。可能係作者撰寫此書時,于鄭氏前後事所見材料不同,而致風格有異。

由於作者紀事過於簡略,涵蓋較窄,故與同時同内容作品比,便嫌單薄,較少文學性。如施琅降清爲鄭氏興衰一大關鍵,各書記載莫不細緻曲折,本書康熙八年"明左先鋒施琅來降"條僅云其因成功令其交兵權與蘇茂,"遂請爲僧……偶有親丁曾德逃於成功營,琅擒治之,成功馳令勿殺,琅竟殺之。成功大怒,捕琅並逮其家口。琅乘間逸去,密渡安平,依鄭芝豹",於脱逃過程,未做交代。同樣,施琅領兵攻克澎湖是最關鍵一仗,本書亦未費濃墨。

順治元年(一六四四)清軍入關後,迅速南下,此後抗清力量主要活動於西南與東南,東南的主力則系鄭成功的軍隊。有關鄭氏的史料,正史記載疏簡,民間野史、實録又往往偏於一隅。或得之親歷,或得之傳聞,或是當時記録,或是事後追憶,親歷者往往非核心人物,知而不詳,録傳聞者無法核實,真假難辨。

當時所録出於倉促，難以詳盡，事後追憶又往往記憶有誤，或爲他人作品誤導。因此，這段史實往往互相矛盾。現存世的黄宗羲《賜姓始末》、江日昇《臺灣外記》、阮旻錫《海上見聞録》與本書實爲其中翹楚。由於歷史原因，這些著作只能以鈔本流傳，而鈔寫過程又産生不少錯誤，於其中違礙處又不得不加删改。因此，如何充分運用史料，還原這段歷史，是十分有意義的事。將《閩海紀要》整理出版，也是爲研究做基礎工作。

本書傳世所知鈔本有三種：一爲連雅堂藏鈔收入《臺灣詩薈》本（簡稱連本），一名《海紀輯要》，書前有民國二十四年（一九三五）連衡序；一爲福建圖書館藏鄭麗生鈔本，前亦有連衡序，應與連本出同一系統；一爲北京大學藏鈔本。三本鈔録時間、所據祖本均不詳，且均避“弘”諱，知鈔於乾隆後。連本已有《臺灣文獻叢刊》所收吳幅員校點本，福建藏本也已有福建人民出版社出版的林大志校注本。此次校點，選北京大學藏本爲底本，校以連本，以備此書版本之一種。

編　者

二〇二二年七月

海上見聞録

序

以兩島彈丸之地，奉遺明正朔，而控天下之兵。議戰，則互有勝負。議和，則終無定局。方且海外稱王，別開疆土，傳及三世，歷年三十有七，此古來史冊所未有之事，而不可使泯滅無傳者也。顧記事之書，難得其實。生同時，居同地，身同事，目所見，自不失真。若耳之所聞，則或不無差誤。況以疏逖之人，身在事外，耳目有限，文檄無徵，而欲取信於天下後世，難矣。是當吾世，吾能言之，此書之作，又烏可已乎！

蓋余家海上，少年遊俠，亦常身踐戎馬之場，中年浮沉里閈，思欲隨事抄錄，以備遺忘，而因循多故，未遑執筆。迨海山破後，棄家行遯，奔走四方，留滯燕雲二十餘載，因稍記憶，草就《海上見聞錄》一冊。曰“見”，則目所親覩；曰“聞”，則就其人目所親覩者而聞之，或得諸退將宿卒，或得諸故老遺民，俱確然有據。但其間事有缺漏，而歲月或失於後先，尚當訂補。是以藏之篋笥，未敢示人。

庚戌春，老歸舊里。意當時同事諸君，必有所記錄，而耆舊凋殘，無可尋訪，搜求數載，乃得先藩户官都事楊英所記《海上實錄》二本，至先藩壬寅年止。文字猥雜，固不足論。而鋪排失實，即余所親見數事，已自不同，他可知矣。然其以日系月，細事偏詳，不可廢也。又得《海記》一本，不著作者姓名，但妄做《綱目》，掛一漏十，謬處亦多。然記嗣藩癸卯以後事頗悉，似是海上幕客曾住臺灣者所作，亦可並存也。余因取舊本，附以新聞，合二編而重訂之，名曰《海上見聞錄定本》，以前錄爲未定之書，今始定也。其紀之以年月日者，使事有次第，可以按而考之也。事之瑣屑者不載，恐其煩也。人之無關系者不書，恐其雜也。不寓褒貶者，身非史官也。不置議論者，天下事談何容易也。言雖無文，然據事直書，使兩島三十七年之故實，瞭然在目，不至久後湮滅，故不敢自比孫盛《晉陽秋》之書枋頭,直筆不改,亦不同洪覺軒《野録》記燭影斧聲,以滋後人之惑。庶後之作史者,欲以傳信,於是編尚亦有采焉。

歲丙戌六月朔日,八十叟輪山夢庵書。

目　録

海上見聞録定本卷上

甲申,崇禎十七年三月,北京陷,崇禎亡。

大清順治元年

五月十五日,誠意伯劉孔昭、司禮監韓贊周等立福王于南京,改元弘光。

兵部尚書史可法督師江北。

[北]鳳陽總督馬士英入專國政。有"中書隨地有,都督滿街走。監紀多于羊,職方賤如狗。蔭起千年塵,拔貢一呈首。掃盡江南錢,填塞馬家口"之謠。

封福建總兵官鄭芝龍南安伯,賜蟒衣。

乙酉,順治二年。南京弘光元年

封鄭鴻逵靖虜伯。

清兵破揚州,史可法死之。

五月,清兵渡江,弘光走至蕪湖。廿五日,爲降將劉良佐擒,解豫王。

總兵鎮江鄭鴻逵、鄭彩等擁舟師不戰,走還閩。至浙,于江口逢唐王。鴻逵奉之至福州。巡撫張肯堂、巡按吳春枝、吏部黃道周、安南伯鄭芝龍等會議監國,鴻逵固請正位。乙酉,以閏六月十五即位,改元隆武。起曾櫻、何梧騶等入閣辦事。晉封芝龍平虜侯,尋封平國公。鴻逵爲定虜侯,尋封定國公。芝豹爲澄濟伯。鄭彩爲永勝伯。賜平國公長子森國姓,名成功,封忠孝伯。

賜姓以天啟甲子年七月十五日生于日本國,母顏氏,後①遣人將母子取回。方七歲,有志讀書,聰敏不群。年十五,補南安縣學廩生。

封平國公部將施天福爲武毅伯,洪旭爲忠振伯,林習山忠定伯,張進忠正伯,陳輝忠靖伯。定國公部將陳豹爲忠勇侯,林察爲輔明侯。以鄭鴻逵爲大元帥,出浙東。鄭彩爲副元帥,出江西。既出關,疏言餉缺,逗留如故。于是黃道周請募兵江西,隆武爲給空札百函爲行資。被獲,送南都,不屈,與中書賴雍、蔡繼等俱死之。

八月,隆武詔至粵西,有靖江王稱監國,不奉詔。總制丁魁楚、巡撫瞿式耜擒送至閩,斬之。

時鄭遵謙起兵江上,與張國維、陳函輝、熊汝霖等迎魯王于台州監國,駐紹興。時乙酉六月中,遣都督陳謙奉書至國[2]。謙前齎南安伯勅印,與平國相善,平國邀之。陛見,啟函稱"皇叔父",不稱"陛下",隆武怒。御史錢邦芑密勸隆武殺之。夜半,内傳行刑,倉卒不及救,平國痛憤甚。先是,平國已密遣人通内院洪承疇、御史黃熙胤,至是,又微聞監國錢塘信息,乃稱缺糧餉,檄守將施天福等回,而閩兵無糧,逃散不守矣。

丙戌,順治三年。海上稱隆武元年正位于福建省城。

三月,清貝勒王駐兵錢塘北岸。

五月,江上兵潰。

六月初一日,清兵渡江,江潮不至。方國安、馬士英欲獻監國爲投降計,遣人守監國。守者病,乃得脱。逃登海舶,遁入舟山,時丙戌六月十八日也。督師張國維、興國公王之仁、兵部陳函輝、大學士朱大典俱死之。方逢年、方安國俱投降。馬士英逃至台州小寺,清兵搜獲後,與方國安父子、方逢年俱斬于延平城下,眷口給賜兵丁。阮大鋮(鍼)迎降,過嶺自投崖死,仍戮尸。將移關,守將陳秀、郭曦投降,而仙霞無一守兵。隆武于八月定計幸贛,未至,一日晒龍鳳衣,陳謙之子率數騎追至,遂及于難。

九月,清兵至泉州,芝龍退保安平鎮。貝勒令泉紳郭必昌招之,以洪、黃之信未通,未敢迎師。貝勒與之書,略曰:"吾所以望將軍者,以將軍能立唐藩也。且兩粵未平,今鑄閩粵總督印以相待。"芝龍得書大喜,賜姓力諫不聽。十一月至福州見貝勒,置酒甚懽。夜半挾之北去,從者皆不得見。至京,封同安侯。

丁亥,順治四年是歲桂王即位于廣東肇慶,改元永曆。

初,芝龍撤兵,密諭賜姓,欲與俱見貝勒,賜姓不從。定國陰令逸去。乃至是率所部入海。芝豹獨奉母居安平鎮。鄭彩率舟師至舟山,迎監國魯王南下。魯王封鄭彩爲建威侯,尋晉建國公。其弟鄭聯爲定遠伯,尋晉侯。鄭彩及閣部熊汝霖進取福寧州,諸縣響應,遂入興化府。熊閣部鼓舞起義,諸起義者皆來給劄,兵至數萬,多烏合。鄭彩謀奪其權,雖與之結媾,忌之,乘夜遣兵攻其舟,并全家殺之。于是義兵憤怒解體。時義兵所在蠭起,汀、邵並亂,據建寧,閩郵爲阻。是夏,京中命王大人、陳錦、佟國器、李率泰督兵至,破建寧,屠之,所失州縣盡復。鄭彩至海壇,復爲鄉兵所敗,遂同魯王至廈門。時鄭聯亦糾合浦南橋義兵楊重等攻入漳浦縣,以洪有楨③爲縣令。未幾,縣破,有楨被執,不屈被禍④。鄭聯率義兵攻海澄縣,然見敵騎即走,爭舟墜水,死者甚多。平和縣曾慶等與詔安等處義兵立德化王慈燁,據將軍寨,陷大昌,攻順昌、將樂,然皆爲清兵所敗。隆武之亡也,舊相蘇觀生、何吾騶遁回廣東,與布政使顧元鏡於十一月立隆武弟唐王聿鐏監國,年號紹武。十二月十五日,清總兵李成棟率兵襲廣州城。副將杜永和獲紹武,并周王、益王、遼王等盡殺之。蘇觀生從死,吾騶、元鏡皆降。福省既陷,兩廣總督丁魁楚與廣西巡撫瞿式耜會議監國,[式耜]皆言⑤永明王賢,且爲神宗嫡孫,應立。王諱由榔,桂王之子,初封衡陽,以寇亂徙梧州。會桂王薨,王以衰絰,于丙戌十月十四日監國,改元永曆,以肇慶府署爲行宮。魁楚、呂大器爲大學士,式耜以吏部侍郎兼閣學,掌銓事。封總兵陳邦傅爲思恩侯,尋晉慶國公。後廣西破,投誠,率兵追永曆,爲李定國所擒,父子俱死。

時賜姓謀舉義,而兵將戰艦百無一備。往南粵召募,聞永曆即位粵西,遙奉年號,稱"招討大將軍罪臣"。有衆三百人,于廈門之鼓浪嶼訓練。委黃愷于安平鎮措餉。識者知其可與有爲,平國舊將咸歸心焉。八月,以洪政、陳輝爲左右先鋒,楊才、張進爲親丁鎮,郭泰、余寬爲左右鎮,林習山爲樓船鎮。進兵攻海澄,扎祖山頭。數日援兵至,洪政中流矢,與監軍楊期潢俱死之。遂退兵入粵。會定國公進攻泉州,列營桃花山。清提督趙國祚率數百騎衝營,張進、楊才迎戰。定國遣林順等夾攻,大破之。別遣水兵破淄石炮城,斬參將解應龍,軍聲大振。泉紳郭必昌之子顯欲內應,國祚殺之,滅其家,并擊故相黃景昉等。國祚酷虐,泉民不敢喘息。九月,漳州副將王進率兵來援,圍解。

戊子,順治五年。海上稱永曆二年

閏三月,賜姓攻同安。清守將廉印、知縣張放齡遁,遂取之。

七月,陳、佟、李援師至,遂攻同安城。八月,城陷。鎮將立晉、林壯猷全軍盡沒。知縣葉翼雲、教諭陳鼎死之。屠其城,殺五萬餘人。"同安血流溝"之讖應焉。

先是,同安諸生陳姓綽號泥鰍者回至羅漢山中,所稱生閻羅者授以片紙云:"泥鰍死半途,同安血流溝。嘉禾斷人種,安平成平埔。"陳生果至小盈嶺而死。是後,凡獲滿兵輒斷掌放回以應之。然後來安海城竟毀拆,而廈門竟遷空無人,歷一紀云。

是歲大饑,賜姓及建國公鄭彩各發兵民船至高州糴米,爲思恩侯陳邦傳所轄,賜姓舡免餉,餘照丈尺徵餉。舡有千餘,多是民舡。斗米閩中近千錢也。時海上藩鎮分駐各島:監國魯王別將平夷伯周雀之⑥、閩安侯周瑞、定西伯張名振、總兵阮美等守舟山至沙埕。鄭彩、鄭聯守廈門。令定國公守平安之白沙。使其將陳豹守南粵。賜姓泊廈門,以親丁三百人遣其叔⑦錦衣衛鄭子鵬⑧護家眷。使張進守銅山所。太子太師鄭香守海澄之石尾,有眾數千人,復爲清兵所破,二子鄭廣、鄭海死焉。然糧餉缺乏,取之民間,而鄭彩營將章雲飛等擾民尤甚。定國公遂率舟師至潮州,隨地取餉。

己丑,順治六年。海上稱永曆三年

廣東提督李成棟反正,迎永曆。于是永曆有船使令,以爲恢復在即,詔各勳鎮考試諸生赴廣省進場。賜姓遂送考生員葉后詔、洪初闢等十數人,同黃志高齎本赴行在。舟至潮陽,遭風飄壞,餘人不得達,獨黃志高至粵。詔以志高爲兵部職方司主事,使監賜姓軍,命以舟師查取南都。其後賜姓入長江,承此詔旨也。詔使并賷秦王孫可望告示一張,其文云"秦王告諭天下"。中間叙湖廣殺敬謹王,四川殺八固山之捷,入滇擒逆點⑨父子云云。又檄文一册,中有云"恢復兩京者,准封爲公;一省者,封爲侯;四府以上者,封爲伯。今有無尺土之功,而擅封五等之爵"云云。又定西王李定國告示一張,其文云"西寧王奉秦王令旨",中間叙破廣西,定南王孔有德焚死之捷云云。

清鎮守漳浦副將王起俸密赴軍門納欵,謀洩,棄家由奄鎮至銅山投見,賜姓授都督同知,掛統練軍門印,令管北標將。

十月,賜姓舟進雲霄港,由白塔登岸,分道並進。雲霄守將張國桂迎戰,爲左先鋒下副將施顯敗,死。進軍攻城,中軍姚國泰拒守,城破,國泰重傷,獲之,令毉治,送軍前收用。遂進攻詔安,扎營龍峰、磁灶等處,令中衝鎮柯宸樞、援勦左鎮黃廷、右衝鎮洪習山⑩守盤陀嶺,以遏漳援。漳鎮王邦俊、副將王之剛等弔集各縣守兵,合攻盤陀嶺。是日大霧,諸軍各不相顧,柯宸樞同其弟中軍宸梅俱戰死。

十一月,賜姓解詔安圍,督兵由分水關入潮州,抵黃崗。時潮屬多土豪擁據,三吳壩有吳六奇,黃崗有黃海如,南洋有許龍,澄海有楊廣,海山有朱堯,潮陽有張禮,碣石有蘇利。時武毅伯施天福同黃海如説賜姓取潮陽縣,資其富饒,且近海口,有海門所、達濠浦可以抛泊船艘,通運糧米。但須由南海鸗灣過達濠浦,方可至縣,恐許龍、張禮爲梗耳。賜姓遂令移兵南洋,許龍逆戰敗走。漢陽舊將陳斌來歸,授後勁鎮。楊廣、朱堯、唐王等各迎降。遂移兵鸗灣,張禮拒命,立破其達濠、霞美二寨,進攻青林寨。張禮乞降,准其歸命。遣援勦右鎮黃山督諸軍往靖海衛,并迎丁惠來縣,以中軍汪滙之理縣事,正兵營盧爵守城。黃山等回攻南山寨,破之。賜姓遂移兵入揭陽,會定國公,并帶張禮往見。定國公夜沉之水,賜姓悔之。

庚寅,順治七年。海上稱永曆四年

先是,清兵破湘漳⑪,何騰蛟死之。破南昌,金聲桓死之。

二月,破信豐,李成棟歿于陣。永曆皆追贈王爵,抆淚親祭。及報南雄不守,遂移德慶,抵梧州。榕江兵潰,桂林陷,瞿式耜、張同敞死之。

五月,賜姓至潮陽,知縣常翼鳳率父老郊迎。令三鎮洪旭駐鎮,徵輸轉運。楊才攻破平和寨,屠之。陳斌克獅頭寨,寨首黃亮采請降,許之。右先鋒楊才病故,以正總班林勇爲右先鋒,後征蘇利陣亡。以甘輝管親丁鎮,黃廷管右先鋒鎮,施顯管援勦左鎮,以監督王秀奇爲戎旗鎮,管親隨兵,以林勝爲中協,陳瑞爲右協。

四月,賜姓移師揭陽。定國公言新墟寨負固不服,合兵攻之,用龍熕擊其城,遂乞降。

門闢海中放光,定國公令人投水視之,得大炮,夾兩龍爲耳,用船車出之,號龍熕,所擊無不摧破。後國軒用以攻泉城,火引不發,鞭之,口遂裂,城竟不破。

守潮州新泰伯郝尚文率馬步數千來援,賜姓令諸將迎擊。陳斌躍馬入陣,擒其中軍陳祿,諸將繼進追殺,尚文僅以身免。

五月,詔安九甲義將萬禮等來附,施琅所招也。

六月,引兵攻蘇利,不克。利據碣石衛畔,後平南王發兵攻殺之。賜姓諭諸將,議攻潮州。陳斌進曰:“潮郡東西環溪,只一浮橋通漳大路,必須斷橋以絕援兵,然後移扎西南攻圍。”從之。尚文出兵戰敗,浮橋并石橋一齊焚燬,隨移師三面圍城攻擊。尚文差人往漳求救,郝文典來援,許龍渡之入城,尚未削髮歸清。久攻不下,暑天兵卒多病,解圍,退兵潮陽。黃亮采等復叛,攻襲行營,甘輝迎擊,斬其父子,始散去。

鄭彩、鄭聯在廈門,與芝鵬有隙,賜姓用施琅之策,以米千石餉鄭聯,欲襲取之。鄭聯不疑,鄭彩曰:“是毒藥也。”議全軍出避,聯不從。聯建生祠于萬石巖。十五夜,宴轄下諸將。二鼓,賜姓舡至,盡收其戰艦兵卒,其將陳俸、藍衍、吳豪等皆歸附,撥親隨兵守其衙。後月餘,芝鵬說賜姓置酒萬石巖,夜歸,伏甲于路殺之。時鄭彩以舟師百餘艘,逃于廣東南海之間,賜姓差官往請回島,不遇而還。其轄將楊朝棟、王勝、楊權、蔡新等來見,以朝棟爲義武營,王勝等管水師。舊將藍登來見，援授勤後鎮。彩飄泊數載，兵將星散，賜姓以書招之，遂回，後病死于家。

山寇攻陷惠來縣，知縣汪滙之、守將盧爵俱死。三鎮洪旭報"潮陽山賊復起"，不復追徵。以閩安侯周瑞爲水師右軍，掛印黃大振爲援勤前鎮，命鄭芝鵬鎮守廈門，阮引、何德管水師，藍登管六師焉。

十一月，賜姓至潮陽，提塘黃文自行在來，報稱：有旨請賜姓入援。清平南王尚可喜、靖南王耿繼茂率滿騎數萬，攻復廣州。西寧王望□⑫師南下，會□⑬甚切。閏十一月，賜姓令各鎮官兵在船聽令，南下勤王。時陳斌與施琅相抗不睦，率兵而逃，具稟陳所逃緣由，後據湖州歸清。黃海如在達濠浦欲議叛，令林習山致之死。

十二月，賜姓抵揭陽，與定國公商議。賜姓欲南下，定國公回廈門。

辛卯，順治八年。海上稱永曆五年

正月，賜姓至南海。施琅進曰："勤王，臣子職分，但琅昨夜一夢，似大不利，乞藩王思之。"賜姓默然，遂令將左先鋒印并兵將委副將蘇戇管轄。定國公送蕭拱宸、沈奇等來效勞，以拱宸爲中衝鎮，沈奇爲護衛右鎮，隨師南下。定國公同洪旭、施琅帶陳壎、鄭文星等回島。

二月，賜姓至白沙河，颶風大作，各船收入鹽州港。賜姓正副坐駕，風水不得泊，坐帆溜下，幾覆數次，天明方霽。後陞管中軍船蔡進福爲水師內司鎮，管副中軍船，施琅爲水師後鎮。

三月，賜姓至大星所，殺退思訓援兵，攻其城，下之。

清閩撫張學聖同提督馬得功集同安縣十八保、劉五店各處民兵及船攻廈門。鄭芝鵬怯懦，私自載輜重下船，望城中居民不許搬移。得功數十騎下船，飄至五通，遂登岸，無有禦之者。守高崎水師鎮阮引不戰而逃，城中百姓號聲動地。賜姓董夫人倉皇抱木至於海邊，不得船，廈門港居民林禮樂始于水中負登小舟，至芝鵬大船坐焉。其夜，亂兵焚燬店舍，火光竟天。前文淵閣大學士、吏部尚書曾櫻在城中，家人掖之出城，公曰："此一片清淨地，正我死所，我將何之哉?"是夜縊于所居樓上,時爲二月十三日。越三日,公之門人阮旻錫入城尋母,遇公隣居藍姓者在西門外,詢之,藍曰:"公不肯出城,是晚某進粥一盂,公不食,及曉,再候,公已自盡矣,無人可收斂也。"時已昏黑,不得入城。旻錫往尋僧文台,又至東嶽廟尋公之門人陳泰共議。天未明,文台以僧龕同陳泰抬公屍至僧曆灣下船,付其家人,鄉紳副憲王公忠孝以壽棺貯之。司馬盧若騰、副院沈佺期、樞部諸葛倬等皆視殮。後兵部主事劉玉龍疏陳輔臣從容就義事,奉旨:曾櫻身死經常,允宜優卹,追贈光禄大夫、上柱國、太師,謐文忠,賜祭葬,蔭一子中書科舍人,一子錦衣衛百户,世襲。其門人知縣陳泰冒險負屍,積勞殞歿,着贈鴻臚寺少卿。

三月初一日,清撫院張學聖同興泉縣黃澍渡海,見島嶼孤懸,波濤環繞,驚爲絶地,即先引回,令知縣張齡安撫居民。

初四日,馬得功行牌于各鄉安民,意欲據守。初八,會定國公舟師至,截港圍之,命鎮將楊抒素登筫簹港與戰,互有勝負,副將吳敦戰死。施琅率陳壎、鄭文星百餘人登廈門港與戰,敗之,得功幾爲所及。于是得功求過海,張撫院差人至安平,協平國公太夫人,囑定國公以船載馬得功三百騎及餘兵盡回。先是,定國公差都督鄭德、翼將周全斌等到天星所,報稱馬得功陷島,請賜姓回師。乃于四月初一日到浯嶼,得功已渡海二日矣。賜姓怒甚,不許諸親與定國相見。定國移屯白沙。初十日,賜姓駐廈門港,議失守功罪:先賞施琅花紅銀二百兩,陳壎一百兩,斬鄭芝鵬、阮引等以徇,何德綑責,藍登免罪。軍士皆踴躍歡呼,鋭氣百倍,以其家在島上,遭口搶掠,得洩其憤故耳。命忠振伯洪旭管理中右,參軍潘庚鍾追鄉紳助餉銀。潘加派搜掠一空。

詔安、平和二縣俱復。

定西侯張名振、平夷侯周崔之、英毅伯阮駿等自舟山來歸,俱授水師鎮。海澄守將郝文興密約納降。

壬辰,順治九年。海上稱永曆六年

正月初二日,賜姓督師至海澄港,潮大漲,直至中權關下。郝文興開城率將士出降,授前鋒鎮,掛印。以參軍黃維璟知縣事。

初十日,進兵江東,遣各鎮攻長泰縣,至溪西,擊敗漳城援兵。廿三日,援兵再至,復敗之。

二月初二日,遊兵營吳世珍奮勇登城,被炮擊死,賜姓令火器營何明鑿地道,用地雷以擊其城。

三月初三日,報總督部院陳錦督馬步數萬來援,已扎同安縣。初十日,地雷發,不及城而止。是日遂移兵扎江東。初十日,陳錦安營于牛蹄山,相去五里。十三日,親來衝營。賜姓率諸將迎擊之,陳錦大敗,棄營盤而走,全軍俱覆,失衣甲、馬疋、輜重不可勝計。遂奔回,扎營于同安城外,爲其家丁庫成棟所刺,來歸。賜姓賞其功,以其弑主,陰令殺之。

長泰縣清守將楊青棄城而走。以泰軍馮澄世知縣事,以甘輝爲中提督,黃廷爲前提督,黃山爲後提督。四月,進圍漳州,賜姓扎南院。

五月,清淅鎮馬進寶號金衢馬。率兵來援,縱其入城,復同王邦俊從東門出戰,敗回,遂嬰城固守,不敢出。諸軍攻圍,數月不下。張名振地方事,陞協將萬禮爲前衝鎮、副將陳朝爲後衝鎮。賜姓移師金門後浦,扎營操練。施琅前在南澳,兵付蘇茂代將,意回日必復任。賜姓既不與,遂請爲僧。賜姓諭令舟募兵,許授前鋒鎮。偶有親兵曾德逃亡,賜姓拔爲親隨,琅將曾德捉回立斬之,賜姓怒而不發。二十日,傳令諸將在船聽令出軍,遂令右先鋒黃廷執施琅及忠定伯林習山,拘在船中。令副將吳芳看守琅家人,着人假稱賜姓令箭弔回審究。吳芳即同登岸,至卓灣,琅將吳芳及押人打倒脫走,逃還山穴中。兩日夜,投蘇茂,茂密以小舟載之渡海依澄清伯。賜姓怒甚,欲斬林習山,未果,殺吳芳妻子,令芳跟尋,廿一日殺施琅之父及其弟施顯,以戒旗中協林勝爲搜勤左鎮。

廿二日,賜姓督兵入漳州地方。

廿七日,大破漳鎮王邦俊之兵于磁灶。

六月,回師。舊將黃興來歸,授中權鎮。黃梧來歸,授副將,以監督陳六御爲北鎮營騎兵。

九月,賜姓督師入漳浦地方,王邦俊來援,復大破之。追至龍井,降其將卒數百人而還。

李長病退,以黃昌爲戎旗鎮親隨營。

十一月,清提督楊名高自福州率步騎入漳應援。賜姓遇之于小盈嶺,大破之,追至馬厝港,名高僅以身免。騎兵營楊祖爲首功,掛印陞營爲鎮。

十二月,舊將陳堯策先投清,同清將協守漳浦。至是獻城納降,以爲護衛前鎮,照舊鎮守。以參軍林其昌知縣事,議築鎮門象鼻山,截溪流不得入海,欲以灌城,而奔流迅急,堤不得合,費工甚鉅,罷之。

賜姓不攻城,築長圍困之,使其糧盡自降。而城中兵盡括鄉紳富戶及百姓粟食之,民相挑⑭藉餓死,殺人爲食,至有婦人群聚擊男子而分食其肉者,毋論鼠雀及樹根、木葉、水萍、紙及皮之屬盡食之。稀粥一碗直四金。自四月至十月,城中死者十七八。後清署守道周亮工收髑體,凡七十三萬有奇,焚埋于東門外,名曰同歸所,築萬善庵其上,勒石記之。城外死者骨骸無數不與焉。

五月,福省集水師數百隻來攻廈門。賜姓令陳輝督水師禦之,遇于崇武所。清舟師戰敗,棄船登岸而走。

九月,清統⑮兵固山金勵領浙直八旗滿兵及漢兵共萬餘旗入閩來援。至泉州,住扎養馬。廿六日,賜姓解圍,退扎右縣,據險以待,固山由長泰入漳。

十月初二日,固山率滿騎衝營,是早西北風盛發,火箭、火炮皆被風打回,對面昏黑。滿兵乘烟衝突,諸將潰散。賜姓退扎海澄。後提督黃山、禮武鎮陳俸、右先鋒鎮廖敬、親丁鎮郭廷、護衛右鎮洪承寵皆戰歿。

癸巳,順治十年。海上永曆七年

三月,賜姓駐廈門,遣前軍定西侯張名振等率水師恢復浙直州縣,并遣忠靖伯陳輝等一齊進入長江。

四月,金固山弔集水陸官兵船隻,欲攻海澄。賜姓即遣水師左軍林察,右軍固瑞⑯,後軍周崔之、阮駿、黃大振等前往堵截。後遇颶風,林察飄入興化港,被獲,至鄭賈來議撫,始放回。

二十八日,金固山扎營楓山頭。

五月初一日,賜姓至海澄,錮兵守禦。以前鋒鎮郝文興、戎旗鎮王秀奇、護衛前鎮陳堯策守鎮遠寨,前衛鎮萬禮幫鎮遠寨外。以前提督黃廷、中提督甘輝守關帝廟前木柵,連接鎮遠樓。賜姓駐扎天妃宮,親行督戰。初四日,金固山率馬步數萬扎營天妃宮前,安大小銃炮數百號,日夜連擊不停,木柵崩壞,官兵多被擊死。

初五日,後勁鎮陳魁、後衝鎮葉章率各鎮精勇兵數百,合力乘炮烟衝進,遇炮銃齊發,葉章被銃打死,陳魁打傷左足。賜姓令收兵固守。以周全斌管後衝鎮,楊正管後勁鎮。清兵連擊兩晝夜,營壘隨築隨壞。賜姓率諸將上敵臺觀望,張蓋而坐。清兵見之,炮火齊發,甘輝翼賜姓下臺,而位隨擊碎矣。鎮遠寨邊新築篷篍,崩壞如平地,軍士無可站立,賜姓令掘地藏身。令神器鎮何明率洪善將火藥就夜分掘埋河溝邊,藥心相續,候令而發。

初六日黃昏,滿兵火炮火銃連夜不絶,至五鼓,放空炮,頭叠綠旗兵,二叠滿兵,填濠攀柵而上,兵皆重鎧,刀不能傷。城上兵俱持大斧擊之,墜則後列者乘其屍而登。三叠滿將蜂擁齊進,銳不可當。天色漸亮,滿兵大半過河。遂暗發地炮,烟焰蔽天,過河者一盡礮死,其未過河者,甘輝截擊之,擒斬無遺。金固山精銳盡喪,連夜逃回。

十二日,賜姓回廈門。于教場設宴犒諸將士,論功行賞,以忠孝伯印付甘輝,輝不敢受,以擅離海澄城,殺知縣黃維璟及不用命軍士二人。差監督池士紳以蠟丸齎帛疏,由陸路詣行在,叙方曲破總鎮王邦俊、小盈嶺破提督楊名高、江東橋殲總督部院陳錦、海澄敗固山金礦之功。行在遣兵部主事萬年英齎勅晉賜姓漳國公,封延平王。賜姓拜表辭讓,差監督張自新同萬兵部由水路詣行在回奏,以海澄破邊功請封各鎮封爵。後永曆以帛詔封甘輝爲崇明伯、黃廷爲永安伯、萬禮爲建安伯、郝文興爲祥符伯、王秀奇爲慶都伯、參軍馮澄世太僕寺卿兼都察院右僉都御史。

築海澄城，所屬地方每家各出民夫一名。城高二丈餘，舊有五都土城，連而爲一，皆用灰石砌成，并築短墻，安大小銃三千餘號。周圍環以港水，巨浸茫茫，外通舟楫，内積米穀、軍器。據漳州之咽喉，與厦、金兩門相爲表裡，以爲長守計。命馮澄世督其工。

六月，賜姓以金固山回京，遂督舟師南下，造（進）攻鷗汀壩。鷗汀在潮州港口，其民强悍，有船百餘隻，加十八槳，水上如飛。遇大船以繩絆其柁，牽之入港，小船即攻殺之。海舟至潮者被其劫掠，殺害甚多。賜姓至，攻其城。楊廣亦以兵來會。城厚而堅，從辰至午，攻打不下。賜姓被飛彈微傷足踝，遂退兵。次日，至華平貴嶼寨，入納穀，遂抽兵下舡。時李定國差人致書，其書曰“西寧王致書國姓大將軍麾下”，言當同心戮力，約以舟師直取江南也。

同安侯在京，遣家人李德稱有詔封賜姓爲海澄公。

九月，京中遣内院學士葉成格、理事官阿山同賜姓弟内侍下渡舍、蔭舍賚四府安插兵衆勅至。

十九日，李德、周繼武先到厦門。賜姓知先剃髮後受詔，只令問[17]繼武持啓往請。

廿四日，葉、阿山使到家[18]。

十月，賜姓發渡舍回泉復二使，約到安平鎮相面言，先受詔而後剃髮。十七日，二使至，賜姓設供帳于報恩寺。二使只就布棚安詔勅，賜姓不肯受勅。二十日，二使回泉州。二十九日，二使促渡舍、蔭舍等并顔夫人回京復命。撫事不成，遂置同安侯于高墻、戍澄濟伯于寧古塔。

遣輔明侯林察、閩安侯周瑞、戎旗鎮王秀奇、左先鋒鎮蘇茂統陸師，率五鎮營官兵、戰舡百餘艘南下勤王。差効用官林雲璿奉勤王表詣行在，并持書會西寧王。

十一月，漳州千總劉國軒同魏標、朴世用以總鎮張世耀新任，兵未協，遣人來約期獻城歸降。賜姓遣洪旭、甘輝、林勝、戴捷等于十二月初一夜，直至南門，掛雲梯。國軒令人牽引而上，張世耀倉卒不知所爲，乃降。知府房星曄、理刑王元衡、知縣周瓊等俱降。洪旭入城安輯。初四日，賜姓抵漳，以劉國軒爲護衛後鎮、魏標爲火武營、朴世用爲水武營、張世耀軍前任用，委戴捷鎮守。長泰縣守將楊青來降，諸屬縣皆降。賜姓遣諸將狗泉州諸屬縣，皆下之，惟府城爲副將韓尚亮堅守。

己未，順治十二年。海上稱永曆九年

正月，初五日，攻破仙遊縣，焚殺甚慘。明兵部尚書唐顯悅之子，乃賜姓姻家，世子經之外父，子亦死焉。

二月，設六官，以潘庚鍾爲吏官，洪旭爲户官，鄭擎柱爲禮官，張光啓爲兵官，程璠爲刑官，馮澄世爲工官。設協理各一員，左、右都事各二員。以常爵寧爲察言，司掌六卿印。鄧會、張一彬爲正、副審理。

設儲賢館，以前所試諸生洪初闢、楊經、阮旻錫、陳昌言、陳鵬汍⑲、楊芳、葉儒羽、吕鼎、陳繼明、林復明及荐舉薛聯桂、鄧愈等充之。設儲胄館，以死事諸將及侯伯子弟柯平、林維榮等充之。改中左所爲思明州，以薛聯桂知州事。

四月，以郝文興爲左提督，萬禮爲後提督，王秀奇改爲右提督，林勝代爲戎旗鎮、黃昌爲援勦左鎮、黃梧爲前衝鎮。

築丙洲新城。

五月，總督南征林察、周瑞、王秀奇、蘇茂等班師回，稱西寧王戰敗退梧州，應援不及。賜姓甚怒，降責有差。

委户官洪旭任水師右軍，以吏官潘庚鍾兼管户官，加都事吳慎爲協理佐之。

賜姓以撫局不就，分兵與定西侯、忠靖伯等會師入長江，搗其腹心。以水師右軍洪旭爲總督，以原北鎮陳六御爲五軍戎，改總制六師，率兵北上。京中遣世子王統率八旗滿兵及漢軍約有三萬入閩，先撥前鋒滿騎到省。賜姓盡抽福興泉之兵回漳，各屬縣城悉墮之。

以儲賢、育胄二館諸生監紀諸鎮，每月紀其功罪，彙册上報。請設領兵中軍二，月臨陣督戰，以候缺將爲之。又設餉司一員，後以監紀兼之。

六月,墮漳州城及各屬縣。

賜姓會諸鎮兵于漳之東門外蓮花埔,合操,親自教演。月終,乃撥各鎮出征。

七月,以中提督甘輝為正總督、右提督王秀奇為副總督,率二十餘鎮北上,與忠振伯、陳總制相機而行。以前提督黃廷為正總督,後提督萬禮為副總督,率二十餘鎮南下。

八月,前提督黃廷等入揭陽港,扎營桃花山。清潮鎮劉伯禄率兵來援,大破走之,擒其中軍將,斬殺其多。二十四日,劉伯禄復集吳六奇及惠州之兵列營鷹嘴埔。左戎旗林勝揮兵渡濠,至斬木柵,攻破其營,擒其副將。諸鎮兵乘勢追殺,遂進揭陽城。忠勇侯陳豹自南澳率師來會,運大銃,築土山攻之。清守將、知縣棄城逃去。并取普寧縣,進添各鄉寨餉米。中提督甘輝等北上阻風,就溫、台二府取糧。台州總鎮馬信欲降,忠振伯遣人招之。風順,遂發舟山,未果。

九月,左提督祥符伯郝文興病故,賜姓親臨祭奠,厚卹其家。

世子王至福州,弔集本省綠旗馬步一齊進發。賜姓令思明州居民搬移邊海,官兵眷口搬運住金門、鎮海等處,空島以待。

世子王至泉州,駐扎東嶽。

十月,賜姓弔四戎旗鎮林勝守思明州。

甘輝、洪旭等至舟山,由岑江口登州。守兵迎戰,敗走。遂進兵攻城。陳總制遣監督李化龍入城招降,清鎮守副將巴臣功等遂開城投順。張名振等出自長江來會。清定關守將張鴻德棄家來附,後授前鋒鎮。

十一月,賜姓差監督李長至舟山弔兵北上。師回,以總制陳六御督定西侯張名振、英義伯阮駿等鎮守舟山。委林勝鎮守海澄縣,王元士知縣事。林其昌失入人罪,革職。

十二月,甘輝引巴臣功等入見,即授驍騎鎮,改名臣興。

洪旭入台州港,馬信棄城帶兵馬揭(攜)眷來歸,賜姓即授中權鎮,掛征口[20]將軍印。

丙申,順治十三年。海上稱永曆十年

正月,清平南王尚可喜撥騎兵同潮鎮劉伯禄來復揭陽,離城西二十里安營。右先鋒蘇茂統五鎮守西門,隔港據橋,橋外即平埔。時平藩兵即以數百騎挑戰,金鎮兵追即走。是日援勦右鎮黃勝、殿兵鎮林文燦、左鎮黃梧在埔上操兵,平藩兵大至。蘇茂欲出兵迎戰,金武營郭遂第諫,以爲橋狹難于進兵,不聽。敢戰大敗,惟遂第兵先抽過橋無失,餘皆自相踐踏,擠橋墜港。黃勝、林文燦皆死于橋下,兵死者凡五千餘人。清兵過橋,拆毀營盤,直至城下。前提督黃廷在東門出兵接戰,清兵乃退。報至,賜姓命五軍總制張英再督戰,旗下潮。清兵截港而營,難于攻,而各土堡皆堅守不納穀。

二月,賜姓差官兵張光啟入揭陽察戰敗情形。弔蘇茂、杜輝、黃梧等回思明州。令黃廷、林勝及各鎮下廣,採聽行在消息。

三月,前軍定西侯張名振于正月病故,令陳六御兼管前軍事,令水師前鎮阮駿專守舟山。阮駿報定關造船五百隻,欲攻舟山,請撥兵防護。賜姓遣馬信、張鴻德督師北上協防。

四月,清世子弔各灣船隻,令泉州城守韓尚亮統率出泉州港。賜姓令諸鎮出圍頭外迎擊。援勦左協王明銃船擊沉清船一隻,信武營陳澤等來[21]勢追趕,忽颶風大作,諸鎮舟收泊圍頭,清舟被風壓下,有收入圍頭被獲者,有颶入貴嶼、金門登岸乞降者,有飄至外洋至黃海者,得收回泉港者不滿十隻,由是不敢渡海。

五月,黃廷等至碣石衛,兵皆無糧,逃亡走散,遂回師。

六月,至思明州。賜姓議揭陽喪師罪,斬左先鋒蘇茂。杜輝絪責,黃梧記責,照舊管事圖贖。

以周全斌爲左先鋒鎮,金武營郭遂第改名華棟,爲後衝鎮。撥黃梧守海澄縣。二十二日,黃梧同副將蘇明據海澄降清。黃梧在揭陽亡其鐵甲兵二百餘名,窘于賠補,而廈門住屋又爲定國公所迫取,故得揭眷而叛。蘇明乃蘇茂堂弟。清封黃梧爲海澄公,鎮漳州。蘇明授精尼奇呢哈番,召至京爲內大臣。後黄梧請發鄭氏祖墳、株求鄭氏親黨、陷五大商，漳、泉之民大遭其禍。

賜姓令甘輝、林勝、洪旭等率各鎮前往攻復，清兵已入城，惟五都土城爲副將林明領兵康熊所守，遂搬運米粟兵器下船，計濯城所貯糧二十五萬餘石、軍器銃炮及各將領私積無數。拔林明爲右戎旗鎮，拔康熊爲左戎旗鎮，領兵中軍。逮兵官張光啟、兵郡事黃璋下獄，以其附同黄梧瞞借楊琦衣甲軍器應點之罪，又驚挾之致變故也。

以黃元、華棟守銅山。時鎮將楊琦、鍾宇、陳鵬等多不法，爲各監紀所揭被責。甘輝言上以爲文武不和，乃聽諸監紀留用。

七月，遣中提督甘輝、林勝、周全斌、楊祖等十五鎮官兵北上。甘輝等遂入閩安鎮，至省城南臺橋登岸扎營。賜姓諜知省城無兵，令取福州。而差船失其諭帖，不至，甘輝遂掠南臺、潭尾等處。

八月，世子王抽兵赴省。賜姓以前提督黃廷鎮思明州，赦張光啟、黃璋戴罪管事。親率右戎旗鎮林明等至福州視師。

浙江定關水師來攻舟山。陳六御、阮駿二船向前衝殺，被誘深入，水急，船收不回，炮火如雨，俱赴海自焚而死，餘舡奔散。清兵至舟山遷徙居民，拆毀城郭。張鴻德亦戰歿。

九月初三日，賜姓至閩安鎮，相度地勢，令馮澄世築寨城鎮守，羅星塔亦築土城鎮守。

賜姓駕出駐壺江、定海、鳳埔等處。中權鎮黃信自北回，陳説失舟山之事。賜姓令優卹陳六御。六御，陳謙子也。阮駿二家取連江縣守之。

十月，賜姓駐三都。

初六日，世子王發兵攻銅山，被後衝鎮華棟、護衛右鎮黃元擊敗退走。以右提督王秀奇總督五軍戎務。

中權鎮馬信管左提督事。

十二月，賜姓督船取羅源、寧德等縣，報入省。世子王遂撥滿州梅勒章京阿格商、巴都柯如良等帶披甲綠旗兵數千赴援。時同安侯差謝表等來勸就撫，李率泰亦差人來說退兵以就撫局，賜姓令諸鎮兵皆退。甘輝斷後，至護國嶺，甘輝令抽兵過橋，至嶺下列陣。馬信已撥兵下船，顧謂甘輝曰："吾聞公善戰，今日親視公退此一陣也。"滿州先鋒騎數百追至，見陣整不敢退②。甘輝再令抽兵度嶺，親督數千人在後。阿格商至，揮兵欲麾之。別將勸止，格商曰："此易取耳，當盡殲之。"格商至嶺下，身自下馬，諸將騎皆步行上嶺。箭如雨發，路狹，兵不得成行。甘輝揮刀大呼，從高趨下。兵殊死鬥，滿兵崩壞，格商中數刀，猶力戰者，兵爭斫之。馬信令斷其首，埋于田中。餘者殺死甚多。甘輝即下令收兵，而別鎮追者爲滿騎所殺退。是役也，阿格商最驍勇，而巴都柯如良等皆善戰。及敗後，滿兵爲之奪氣。于是撫事不成。

丁酉，順治十四年。海上永曆十一年

正月，賜姓駐三都。

二月，總制金張英、後提督萬禮事督舟師至溫州，議攻金鄉衛。清守將瞿永壽獻城降，遂取糧而回。

三月，賜姓令萬禮督兵，正鎮韓英、左衝洪善、右衝楊朝棟等輪守萬安鎮、羅星塔等處。賜姓親率諸鎮北上，至鎮下灣阻風，遂駕回思明州。

初八日，定國公鴻逵卒于金門所。

四月，遣水師後鎮施舉同李順往浙江等處，招集松門一帶漁民，以爲進長江嚮導。施舉至定關遭風，坐舡流入港內。清兵攻之，陷没。

五月，六察常壽密啟戶官鄭泰乾没洋船銀一萬，查皆失寔。泰言此人必係奸細，往往離間藩下左右用事之人，又聞其受賄形狀。賜姓大怒，念其嵩江世胄，一家四十餘口起義被殺，兼年老，免刑，幽置而死。

六月，臺灣紅夷人長揆一遣通事何斌送外國寶物來求通商，願年輸餉五千兩、箭桿十萬枝、硫黄一千担，許之。

七月，賜姓興師北上。委忠振伯洪旭督水路四鎮兵防守思明州。初十日，傳令在船開駕。督戎旗等鎮進扎興化、黃石，令遣中提督甘輝進扎涵頭，取粮三日,遂抽進狼崎。親往閩安鎮,令前提督黃廷鎮守。廷言閩安鎮不可守,賜姓令守一月,以護衛前鎮陳斌守羅星塔。

八月十二日,賜姓入海門港,乘風直進黃巖縣。清守將王戎戰敗,以城降。

十八日,進攻台州府,令馬信遣人招降。二十六日,清總鎮李必出城降,知縣齊維藩、臨海知縣黎嶽詹俱降。

九月,太平縣、天台縣守將俱降。

初八日,遣萬禮攻海門衛。初九日,賜姓親到,閱其地勢頗險,令監督宋繼寧入城招諭清守將張捷出降,前所守將劉崇賢亦降。永春義師林忠襲破永福縣。清部院李率泰發兵救援,檄海澄公黃梧兵未至,疑之,盡撥其轄下官兵分入八旗,黃梧大悔。

李率泰弔集漳泉水稍,世子王撥披甲下船,圍羅星塔,弔集民夫,自鼓山開路,達鎮城。十四日,滿兵水陸齊攻,前提督右鎮程余守頂寨,戰死,遂失閩安鎮。護衛前鎮陳斌、神器鎮盧謙守羅星塔,被困無援。施琅歸清,爲同安城守,屬泉州,在總督軍前,使人招降陳斌,麾下兵皆欲降,斌遂降。後說李率泰,盡殺之南臺橋,凡五百餘人。

賜姓恐閩安鎮有失,撥兵赴援,遂棄台州,率師南下,已無及矣。遂以五軍陳堯策督數鎮守狼琦地方。二十六日,賜姓回思明州。

二十八日,賜姓督師南下。

十一月初一日,至南澳。忠勇侯陳豹言:"惠、潮破敗之餘,得其城無用。鷗汀坝小寨,令數鎮攻之可克。"左戎鎮林勝願自領兵攻寨,從之。

各提鎮于潮、揭取粮。賜姓回思明州。提督黃廷、林勝等攻破鷗汀坝。時天旱濠乾,兵至城下,用人字牌遮身,以鍬鑱鑿掘城墻,列大熕齊發,崩之而入,男女無少長皆屠之。壯士數百人走免,其地遂空。

時永曆遣彰平伯周金湯、太監劉柱從海上至思明,齎延平王勅印至,晉封潮王。賜姓欲恢復南京,然後稱王,文書告示只稱令旨而已。後金湯復命,雲南已破,死于廣海。前監國魯王科臣徐孚遠附海船至交趾,欲慫(從)交[趾]王借道歸永曆。正(王)欲其以臣禮朝見,孚遠不肯,登岸而回。賜姓遂集商船,不許往廣南貿易。

戊戌,順治十五年。是歲永曆亡,海上猶稱其年號

正月,賜姓駐思明州。

二月,吊回各提鎮,挑選壯勇者,撥入親軍。

三月,賜姓築演武亭。于廈門港練兵,以石獅重五百觔爲的,力能挺起者,撥入左右武衛虎衛親軍,皆配雲南斬馬刀、弓箭、戴鐵面、穿鐵臂、鐵裙,用鎖鎖定,使不得脱,時謂之"鐵人"。

拔陳魁、陳鵬爲左右虎衛鎮。賜姓令左武衛林勝合左右虎衛之兵南下攻許龍,港水忽漲,舟師直入,許龍率衆而逃,獲其輜重、船隻,焚其巢穴。清海澄縣守將劉進忠等率兵獻城迎降。後衝鎮華棟病故,以劉進忠管鎮事。華棟即郭遂弟,興化府諸生也。舉義,其母尚繫府獄,故改名,後賜姓以千金贖出之,仍卹其子。

五月,以前提督黄廷防守思明州。與兵官洪旭同商機務,户官鄭泰給發兵餉,餘諸提督鎮俱北上。甲士五萬,伏兵凡十餘萬,船數千艘。

六月初七日,師至平陽縣,清守將車任暹獻城降。十三日,瑞安縣守將文誠祥降。

鐵騎鎮巴臣興病故,以黑雲祥管鎮事。

十九日,至温州,清守將堅守不出。賜姓議取足粮食收兵下舡。

七月初二日,賜姓開駕,抵舟山,問引港官李順水程,順曰:"舟山至羊山,西南風一日便到。其山皆羊,無人住,有大王廟,甚靈。海中有矇、瞀二龍,泊舡不可金鼓獻紙,恐其驚動,翻覆不安。"賜姓不信。初九日,午刻,到羊山候踪。初十日,各提鎮來見,放銃鳴鑼,不移時,風起浪湧,迅雷閃電,對面昏黑不相見,但聞呼救之聲。官舡都陳德與太監張忠等跪求賜姓上柵拜天。拜甫畢,風雨方息,波浪稍恬。覆舟五千餘號,溺死數千人,賜姓中軍船打破,失六妃嬪并二公

子、三公子、五公子,凡二百三十一人。

十四日,賜姓以兵舡、軍器損失回至舟山,議向溫、台各港取粮。

九月初十日,至象山縣。知縣徐某遣生員父老送豬酒犒師,并具稟啟。賜姓遂傳令不攻。將北兵不怕風浪,多逃去。有報援勦左鎮賀世明等船頭桅俱粉紅,又訛傳欲叛去,并北將盡失之語,賜姓遂撤賀世明鎮任,并令張五軍諭水武營卜世用、火武營魏操、中權鎮李必、奇兵鎮張魁等解職。惟北鎮姚國泰補援勦右鎮。賀世明憤激氣死,以總理監營翁天祐署左提督,肆其兵。

十月初三日,賜姓至台州港。後衝鎮劉進忠叛入金門所。賜姓令攻打,棄城走。以木武營黃梧管後衝鎮事。

二十二日,賜姓至營右衛,守將不降,下令攻城。

十一月初七日,城破,擒殺無數。

十二日,分各提鎮就汛地養民。

十二月十五日,賜姓駕駐沙門。

是歲,清兵破雲南,永曆亡。

先是,秦王孫可望出湖南,與經略洪承疇對壘,永駐安龍。西寧王李定國奉之以入雲南,一路無阻,遂將孫可望家眷送至軍中。還之途中,輜重又被劫掠,可望窮憤,遂投誠,至京,上優侍之,封義王。其死也,親弔之。

平西王吳三桂與洪承疇遂攻入雲南。李定國護永曆至緬甸,病死。吳三桂追之,緬甸人獻永曆。疏聞,築臺絞死。是日天地昏暗,有白龍升天之異,觀者莫不流涕傷感,而明祚至此終矣。

己亥,順治十六年

正月,賜姓駐沙門。

二月,賜姓至磐石橋。

三月,賜姓催各提鎮限本月二十五日到磐石橋聽令。

四月二十八日,齊到定關。

二十九日,至寧波港。

五月初一日,袖(抽)兵下舡。

初四日,至舟山烈港。

十七日,賜姓至羊山。十八日,至崇明。十九日,差監紀劉澄密書通江南提督馬進寶。

六月十四日,賜姓至焦山。

十六日,辰時,進兵攻瓜州。清操江軍門朱衣佐率遊擊左雲龍領滿、漢兵數千扎城外迎戰。賜姓督左右武衛居中,中提督居左,左提督居右,後提督抄瓜州之後。兩陣相對,隔一小港,銃矢交擊,水師進斷滾江龍。賜姓揮兵大進,滿兵列大銃守岸。左衝鎮周全斌揮兵下水,直渡小港。水深鐵重,兵從水底行,沒頂,多溺死。突上岸,守兵不意驚駭。全斌直衝其陣,右協楊當陣斬十餘人。諸軍直逼而進,清兵退走入城。諸軍乘勝豎梯攻城,正兵鎮韓英先登,左先鋒楊祖繼進。巳時,遂克瓜州。陣斬左雲龍,生擒朱衣佐,及所護滿州盡殲之。是日,右提督馬信攻奪譚家大炮,張兵官羅含章等攻奪滿州木城三座。木城用大杉木板釘平,豎柵內各兵五百人,火炮四十門,火藥、火礶不計。從上流壓下,舡遇之立碎。至是殲焉。賜姓以全斌輕渡港,失兵多,欲斬之,諸將跪請,乃令戴罪立功。朱衣佐至鎮江,乞歸養親,賜姓賜路費遣之。以援勦後鎮劉猷鎮守瓜州,監紀柯平督理江防,管州事委張兵部。楊戎政督水師入蕪湖,牽其戰舡,直逼金陵,以分其勢。

十九日,賜姓督師泊鎮江南岸七里港。

二十日,登岸扎營。時清滿、漢兵扎在銀山一帶,吾兵扎在銀山對面山上,只隔一港。滿兵驚移大路扎營,留綠旗兵數百守銀山。

二十二日二更,賜姓移營到銀山下,寅時傳令登山站隊。天明,滿兵見之大驚,分作五路而來。賜姓親督右武衛周全斌、左虎衛陳魁迎敵。周全斌直衝其鋒,以長繩界陣後,有兵退至繩者斬。于是奮勇爭先,滿兵披靡。諸將繼之,道路狹而溝港多,自相踐踏,死者不計其數,餘者遁走。遂令攻城。清總鎮高謙、知府戴可進獻城投降。周全斌身帶重傷。時令鎮守以工官馮澄世爲常鎮道、兵都事李鳳爲知府,以監紀林若霖爲刑廳。

時諸州縣多來降,太平府守將劉世賢獻城降,蕪湖縣亦降。

賜姓議取金陵。中提督甘輝請從陸路進兵,以爲乘破竹之勢,一鼓可下。或攻取其外四州郡,以絕援兵,則城孤亦難守。若水路恐風信稽遲,則援兵入守又費工夫矣。諸將多以天時炎熱,久雨,溝河難過。賜姓遂令由水道進發。

七月初四日,諸軍下舡。初七日,至觀音門。

初八日,令左衝鎮黃安總督水師,泊三叉河口。

十二日,派前鋒鎮余新中、衝衛蕭拱辰扎獅子山,堵禦鳳儀門。左提督翁天祐爲應援,中提督甘輝、後提督萬礼、左先鋒楊祖俱離前鋒鎮之第三大橋頭山上屯扎。右提督馬信、宣毅,後鎮吳豪扎旱西門。賜姓督左武衛林勝、左虎衛陳魁、右虎衛陳鵬、五軍張英,屯扎後廟山。時寧國、池州、和州、滁州等府州縣俱降。杭州及江西九江等處俱有密謀舉義,前來給札者。遣監督高綿祖、礼都事蔡政前往蘇私通提督馬進,約其會兵前來。

江南總督管劾忠弔集各府兵將齊備,謀欲將衝營。十七日,甘輝請總令攻城,恐援兵日至,師老無功,賜姓令于二十二日安炮進攻。

二十三夜,城中覘知余新懈怠無備,請副將孫化鳳率兵夜出,從街坊房舍中毀墻通道襲其營。余新被擒,蕭拱辰泗水而逃,全軍俱没。後提督萬禮扎在橋外,救應不及,滿兵遂蜂擁出城扎營。廿三晚,甘輝、林勝勸賜姓抽兵且回至觀音山,賜姓欲再決一戰。令楊祖、姚國泰、楊正、藍衍等扎在山上,甘輝、張英等伏在山內,林勝、陳魁等列在山下。賜姓督陳鵬、萬禄等在觀音門應援。萬礼、萬義等堵禦大橋頭大路。馬信、吳豪、韓英由水路躡其後。黃安崑督水師防江。

二十三日,清兵大隊抄出山後,直衝在先鋒楊祖之營。賜姓傳令無令不許輕戰,而山上山下又隔遠不相聯屬,清兵炮火交擊,楊祖衆寡不敵,敗走,藍衍戰没。賜姓遣陳鵬、萬禄往援,山高不得上,滿兵山上趕下,甘輝、張英等在山內被圍,力戰不得出,張英陣亡,甘輝被捉。林勝、陳魁在山下戰敗,全軍俱没。萬禮等在大橋頭,清兵首尾合攻,被捉。萬義泅水而逃。賜姓見大勢已潰,先抽下船。清水師蟻集來追,黃安禦之,擊沉數隻,防護諸眷姬,後載諸殘兵出港。查失將領:中提督甘輝,後提督萬禮,五軍張英,親軍林勝、陳魁,鎮將藍衍、魏標、卜世用,副將洪琅并戶官潘庚鍾,儀衞吳賜等十二名。後甘輝等解至金陵,總督同山會審。萬禮、余新皆跪,甘輝以足蹴之曰:"癲漢尚欲求生乎?"大罵不屈,遂被殺。

海兵之入長江也,上議欲出京兵,召前海澄降將蘇明問之,對曰:"海兵不能持久,不數日當有捷音。"後三日而江寧捷音至。

二十四日,賜姓至鎮江,分派各鎮將收拾官兵,補缺管轄。

二十八日,諸將領俱各下舡,駕入長江。

八月初一日,師回至狼山上沙。

初四日,泊吳松港,遣蔡政往見馬進寶,入京議撫。

初八日,至崇明城,以作老營。

十一日,開炮攻打,城崩數丈。清守將梁化鳳死拒不退。正兵鎮韓英登梯被銃打下,監督王起俸亦被銃傷,俱死。賜姓欲集諸將再攻,周全斌以爲城小而堅,難以驟拔,得之亦無用,適馬進寶差中軍官同蔡政來説,勸回師以待奏請,看撫局成否。賜姓從之,仍遣蔡政往京。

十八日,賜姓回師至浙江,以楊富管正兵鎮,分派各提鎮,就溫、台、舟山各港口地方屯扎練操,仍撥數鎮屯扎菱峽、三都、興化、海南、日照㉒地方。

九月初三日,賜姓令開舡。初七日,至思明州。

十月,援勦後鎮劉猷在溫州深入內地取餉,被誘,戰没。

十二月,蔡政自京回云:"撫事不成,繫同安侯于獄,并逮馬進寶到京問罪。遣滿州將軍達素帶披甲萬餘前來勦海,并令三省水師合勦。"

庚子,順治十七年

正月二十一日,報滿州統兵將軍達素頭站兵至福州。

二月，賜姓吊回北汛諸提鎮，候撥防守。

三月，報達將軍到泉州，催促船隻配兵。

賜姓弔回南下官兵，分派屯扎。

四月初二日，改右提督馬信爲提督軍驍騎鎮。

傳令各提鎮將領官兵眷口搬住金門所，委英兵鎮陳瑞保護，同户官鄭泰一同照管。

初四日，遣中衛鎮蕭拱辰等治崇武，堵禦泉港。委輔明侯林察爲水師總督，共商機宜。

派援勦右鎮林順、礼武鎮林福防守海門。

派右武衛周全斌、驍騎鎮馬信防治裂嶼尾。

派遊兵鎮胡靖、殿兵鎮陳漳爲陸師，守高崎等處。援勦後鎮張志爲水師，抛泊高崎應援。撥林福防守倒流寨。

二十六日，泉州清船二百餘號駕到祥芝澳。陸兵山上扎營放炮，船依山邊而行，遂進至圍頭。賜姓令林察、蕭拱辰等泊劉五店，遏止圍頭清船，不得入同安港會合。

行户官鄭泰將前派守圍頭官兵舡隻一盡防守金門，抛泊城保角，以防廣海許龍等船。

撥右虎衛陳鵬守五道、高崎東一帶。撥援勦前鎮戴捷守高崎寨，殿兵鎮陳漳、前衝鎮劉俊、智武鎮顏望忠守瀙保寨并赤山坪，遊兵鎮胡靖防守東渡寨。

仍委戎政王秀奇總督高崎等處，協理戎政楊朝棟總督東渡等處，臨朝商酌調遣各鎮管理外，又令神武營康彥邦扎崎尾，兼管神武一帶地方。更撥宣毅後鎮吳豪、後衝鎮黃昭、援勦後鎮張志并陳廣、吳裕水師應援高崎、五道等處，堵禦邀擊。

五月初一日，賜姓駐演武臺，撥忠靖伯陳輝、同安侯周瑞、援勦右鎮下楊元標銃船、前提督下方左營等舡泊海澄港，以截漳州大隊水師。又于初三日，賜姓親督前提督黃廷、右武衛周全斌、援勦左鎮黃昌、右鎮林順、正戎旗楊富等在海門住備迎敵。

初八日，漳州港內先遣大船一百號，配漢兵，部院李率泰、海澄公黃梧督之，出海澄港、同安港，收拾小船。將軍達素同同安總鎮施琅以小船配滿兵，橫渡高崎。俱下船，約初十日進兵。

初十日，賜姓令五軍陳堯策傳令陳輝等，安泊中流，不許起柁，欲將漳州船出而乘其後。倏忽間，滿船乘風順流蔽江而下，以數船攻一船，用鐵鍊釘住，炮矢齊發，梯而登㉔。陳堯策、周瑞一船及方左營一舡皆被燒殺。陳輝一船，滿兵蜂擁而上，輝走入官艙，發火藥從下衝上，船火飛裂，滿兵在船上俱死，其船未沉，為官兵奪回，陳輝得活。時賜姓坐煩舡，繼令何義督之，而下八槳船，往來督戰。時滿兵乘潮直進，海船漸漸退走，直壓至廈門港口。將午，南風大發，海潮漸長，黃廷、周全斌等奮力迎擊，同正、副龍煩兩船破舺而入。龍煩受火彈子一丸，至十餘觔，小彈子一斗。副龍煩照樣新鑄者，各以一船專載之。龍煩所及，船中人頃刻間不見形影。遂奪滿先鋒昂邦章京紅眼二船，出擒侍衛一、二等蝦十餘員并鳥沙一船。黃廷擒梅勒㉕耿勝一船。戶官鄭泰自金門率鳥船五十號乘勢衝入，宣毅鎮黃元從鼓浪嶼後衝出夾攻，炮聲如雷，隱隱不絕，火煙迷江，咫尺不辨。共擒滿船十三號，滿先鋒三舡被追至圭嶼，棄船登岸。馬信招之降，夜溺殺之，惟留紅帶梅勒士心秀并隨身披甲二人。是日辰時，達將軍總督滿、漢兵船至牟尼嶼赤山坪登岸。殿兵鎮陳輝揮兵于水中逆戰，兵少漸不及。守高崎右虎衝陳鵬密通同安施總鎮，謀為內應。其左營陳蟒，鵬之姪也，見勢急，欲出兵救援，陳鵬止之不許，總督王秀奇速令陳蟒赴之。滿兵見金龍甲兵至，以為迎己也，及下水斫殺，始慌亂。而前協萬宏、領兵林雄、領鎮協劉雄繼至合擊，前衝鎮劉俊亦從東衝出，協力拒殺。俄而吳豪趕至，滿船向前敵，諸水師分路衝下，擊沉數隻，滿兵先登岸者被殺及溺水不計。主擒巨馬喇及披甲三百餘人，皆斷掌放回。達素率全兵回省。數日，屍浮海岸萬餘，長髮者十二三，短髮者十七八。賜姓磔陳鵬，殺其家屬，以陳蟒為虎衛右鎮，何義為虎衛左鎮。

六月，賜姓駐金門後浦，合思明州將領官兵眷口移住金門，百姓搬移過海，聽其自便。撥諸提鎮分扎沢地取糧。

七月,命官兵張光啟往倭國借兵,以船載黃蘗(檗)寺僧隱元及其徒五十眾。時倭人敦請隱元,故載與俱往。賜姓書與倭國王,而不及上將軍主國政者,故倭人兵不發。

九月,諸兵民家眷俱回思明州。

十月,清帥達素回京問罪。達素在省吞金而死。滿兵回京,水師船隻俱弔入港閣岸。

監國魯王殂于金門所。

辛丑,順治十八年是歲順治終,康熙登位。

正月,賜姓議取臺灣,其地在東南海中,延亘數千里,土番雜處。天啟年間,歐羅巴紅夷占居之,于港口築城,與中國、日本、廣南貿易。海邊貧民流寓者種蔗以糖爲業,殆數千户。時紅夷亦恐海上動兵,及庚子春,復遣通事何斌及其酋長再來議貢。何斌密進地圖,勸賜姓取之。賜姓陳兵自鎮南關,至院東依山布陣,凡十餘里,甲兵數萬。周全斌統轄戎旗兵七千,皆衣金龍甲,軍威甚盛。夷人震攝,至是欲進兵,諸將雖不敢違阻,有難色。宣毅後鎮吳豪曾至其地,力言港淺,大船難進,且水土多瘴癘。賜姓含之,惟戎政楊朝棟倡言可取,賜姓納之。

二月,賜姓駐兵金門,整理船隻。

以兵官洪旭、前提督黃廷居守思明州。户官鄭泰居守金門所。

三月初一日,祭江。賜姓督文武官親軍武衛周全斌、何義、陳蟒,提督馬信,鎮將楊祖、蕭拱辰、黃梧、陳澤、吳豪、林瑞、張志等作首程先行,令守澎湖遊擊洪暄引港,各船俱駕到料羅灣,聽令開駕。

二十二日,午時,自料羅灣放洋。二十四日,各船齊到澎湖。分各嶼住扎。賜姓扎營內嶼。二十七日,開船到甘吉嶼,阻風而回。三十晚,風雨未息,賜姓以行糧已盡,傳令一更後開駕。三更後,晴霽風順。四月初一日天明,賜姓至臺灣外沙線,各船絡繹俱至鹿耳門線外。此港甚淺,沙灘重壘,大船從無出入,故夷人不甚防備。是日,水漲丈餘,賜姓下小船,由鹿耳門登岸。午後,大艍船齊進,泊水寮港,登岸扎營。令陳澤督虎衛將坐銃舡扎鹿耳門,牽制紅夷甲版船,并防北練尾。守赤茨城夷長貓難寔叮發炮擊盤營,并柁馬厩粟倉。賜姓恐焚及赤茨衛,令楊朝棟督張志官兵防禦看守。

初三日,陳澤扎營北線尾,守臺灣城夷長揆一見官兵來齊,遣頭目拔鬼仔率鳥銃兵數百前來衝擊。陳澤迎戰,一鼓殲之,拔鬼仔戰死,餘夷退走。初四日,赤茨城夷長貓難寔叮以城孤救之,賜姓遣楊朝棟招諭之,遂率夷人三百餘名出降。

賜姓令赤茨夷招夷長揆一等來降,不從。時夷長尚有甲版船在港,令陳澤、陳廣等攻之,沉其一隻,焚其一隻,走回一隻。

初四日,賜姓督師移扎崑身,築土臺架炮攻臺灣城。揆一等于附城、銃城齊攻大銃,頃刻土臺崩壞,官兵退回。夷人出城奪炮,馬信、劉國軒率弓箭平射之,乃退。賜姓遂令赤茨降夷架銃擊城,崩之。派馬信等扎臺灣衛,固守不攻,俟其自降。派各鎮分扎汛地屯墾。

五月初二日,二程黃安、劉俊、顏望忠、陳瑞、胡靖、陳璋等到臺灣。

賜姓集文武各官審宣毅後鎮吳豪搶掠百姓,監匿禾粟,斬之。右虎衛陳蟒同罪,革職細責。

以黃安管左虎衛。改赤茨地方爲東都,設一府二縣。以府爲承天府,委楊朝棟爲府尹。一爲天興縣,委莊文烈知縣事。一爲萬年縣,委祝敬知縣事。

六月十六日,銅山守將蔡録、郭義搶掠居民,脅忠匡伯張進投誠。進詐許,置酒請會,欲發火藥與之俱焚。蔡、郭知之,不赴,張進遂於火自焚。

初,後提督萬禮密約海澄公黃梧,欲據思明州以叛。後隨征南京被獲而死,已祀忠臣祠矣。事洩,賜姓徹其木主,蔡、郭是其黨也,故懼而叛。清兵入銅山城,兵官洪旭會忠勇侯陳豹統水師獲之。蔡、郭同清兵退走,報至,賜姓拔總監營翁天祐鎮守,而厚卹張進之家。

七月,紅夷會甲版至。弔右武衛前協黃德幫守臺灣衛,名其衛爲安平鎮。

張志、黄招等激變火肚杜土番,楊祖與戰,中楊鎗死。土番圍張志營,黄安、陳瑞等破走之。

八月,紅夷率甲版船來犯,賜姓令陳澤同戎旗左右協水師擊敗之,獲甲版二隻,小艇三隻,自是甲版退入臺灣港,不敢復出。

京中命户部尚書蘇納海至閩,遷海邊居民之内地,離海三十里,村莊田宅,悉皆焚棄。

先是,達素兵至,賜姓令思明州搬空,其先人來降者家眷乘隙皆渡海逃去。原右提督慶都伯王秀奇逃回江南,埋名不出。而原任漳州知府房星曄者,爲索國舅門館客,遂逃入京,使其弟候補通判房星曜上言,以爲海兵皆從海邊取餉,使空其土而徙其人,立(尺)版不許下海,則彼無食而兵自散矣。遂從其策,陞房星曜爲道員,病死無嗣。至是上自遼東,下至廣東,皆遷徙築垣墻,立界牌,撥兵戍守,出界者死。百姓皆失業流離,死亡者以億萬計。蘇納海歸,荐同安總鎮施琅爲水師提督,移鎮海澄。

十月,同安侯鄭芝龍爲其家人尹大器出首通海,時康熙新即位,四輔蘇克蕯與鄭芝龍有隙,以初三日殛芝龍于菜市,殺其子孫家眷凡十一人。報至,賜姓叱爲妄傳,中夜悲哭,居常鬱悒。

十二月,守臺灣城夷長揆一等乞以城歸賜姓,而搬其輜重貨物下船,率餘夷五百餘人駕甲版遠去。賜姓遂有臺灣,改名東寧。

時以各社田土分與水陸諸提鎮,而各令搬其家眷至東都居住,兵丁俱合屯墾。初至,水土不服,瘴癘大作,病者十之七八,死者甚多。加以用法嚴峻,果于誅殺。府尹楊朝棟以其用小斗散粮,殺其一家。又殺萬年縣祝敬,家屬發配。于是人心惶懼,諸將解體。

壬寅,康熙元年。海上仍稱永曆十六年

正月,賜姓嚴諭搬眷,鄭泰、洪旭、黄廷等皆不欲行,于是不發一船至臺灣。而差舡來弔監犯洪初闢等十人,分當番社,皆留住不遣,島上信息隔絕。

三月，令周全斌調銅山、思明州兵攻南澳，欲擒陳豹。豹短小精悍，號三尺陳，守南澳近二十年，許龍、蘇利皆畏之。

豹驕傲專志，數違藩令。兵至，倉卒率衆搬眷下船，不敢十分迎敵。揚帆入廣東投誠，清爲慕化伯。未幾，病疫而死。

四月，賜姓遣兵官楊都事到思明州，奉令箭欲殺董夫人及其長子經，以乳母生子之故。洪旭等不肯奉令，殺楊都事，而訛傳周全斌奉密諭欲殺諸將十餘人，于是人人自危。洪旭等使周全斌船回廈門港，即執而拘之。黃昌勸鄭泰殺之，全斌求救于董夫人，洪旭亦依違，乃得免。

五月初八日，國姓招討大將軍殂于東寧，年三十有九。提督馬信及諸鎮將黃昭等議以其弟鄭世襲護理大將軍印。未幾，馬信、黃安皆病故。世襲以黃昭、蕭拱辰爲腹心，拔劉國軒管鎮事，謀自立。報至思明州，鄭泰、洪旭、黃廷、工官馮澄世、參軍蔡鳴雷等立長子經爲嗣，封世子，發喪即位。

時靖南王耿繼茂移鎮福建，與總督李率泰遣旗中軍王明、賞功李有功至思明州。鄭泰等議照朝鮮國例，復耿、李，使疏請，而泰遣中軍官楊來嘉同入京待命。後不報，釋楊來嘉回。

八月，京中遣戶部郎中貢岱、兵部郎中金世德入閩安城招撫。凡海上文武官投誠者，依例照品級升降補用。

十月，洪旭、鄭泰以兵千餘人配船，逆世藩入臺灣。世以周全斌爲五軍、馮澄世之子錫範爲侍衛、陳永華爲諮議參軍。至澎湖，其將李思忠船飄至臺灣，知諸將有謀，逃回。世藩隨即防備，因乘風入鹿耳門登岸，全斌令連夜伐木爲栅扎營。次早，黃昭會諸將出兵，值大霧，晝冥，跬步不可視，諸將多迷誤失期。惟黃昭兵先至，攻其前，劉國軒兵至，攻其後，破營而入。世藩兵却擠而前，黃昭攀木梯，爲流矢所中，墜下。全斌令斬其首，大呼示衆，軍士皆迎降。大霧忽晴，日已向午，鍾宇等至，皆反戈而迎。世藩入安平鎮，請世襲至，待之如初。襲委罪于其僕蔡雲，雲自縊。收殺拱辰、李應清、曾從龍等，餘皆不問。諸將營兵撥守汛地如故。

十一月，世藩率周全斌等同其叔世襲回思明州。後世襲入京歸命，授精奇尼哈番。顏夫人、鄭芝豹自成所發回,准在京同住。

【校記】

① 同安本排印本、省館本"後"下有"芝龍"二字。

② "至國":同安本排印本、叢刊本作"至閩"。

③ "洪有楨":叢刊本、省館本作"龔有楨"。

④ "禍":省館本作"喬",叢刊本、同安本排印本作"剮"。

⑤ "皆言":同安本排印本作"首言"。省館本前無"式耜"二字。

⑥ "雀之":同安本排印本作"崔之",省館本作"鶴之"。

⑦ "叔":省館本、叢刊本作"故"。

⑧ "子鵬":同安本排印本、省館本、叢刊本皆作"芝鵬"。

⑨ "點":同安本排印本、省館本、叢刊本皆作"黔"。

⑩ "寄":同安本排印本、省館本、叢刊本皆作"等"。

⑪ "漳":同安本排印本、省館本、叢刊本皆作"潭"。

⑫ "望"下空格,省館本、叢刊本作"率",同安本排印本作"我"。

⑬ "會"下空格,同安本排印本作"剿"。

⑭ "挑":同安本排印本、省館本作"枕"。

⑮ "統":省館本、叢刊本作"總"。

⑯ "固瑞":同安本排印本、省館本作"周瑞","固"字誤。

⑰ "問":同安本排印本、省館本、叢刊本皆作"周"。

⑱ "山使到家":同安本排印本、省館本、叢刊本皆作"二使到泉"。

⑲ "冴":同安本排印本作"翼",省館本、叢刊本作"羽"。

⑳ "揭":省館本作"家"。"口",同安本排印本作"虜"。

㉑ "來":同安本排印本、省館本、叢刊本皆作"乘"。

㉒ "退":同安本排印本、省館本、叢刊本皆作"逼"。

㉓ "海南、日照":同安本排印本作"南日",當是。

㉔ "梯而登":"梯"字原缺,同安本排印本、省館本作"梯而登",此據補。

㉕ "梅勒":"勒"字原缺,同安本排印本、省館本有"勒"字,此據補。

海上見聞録定本卷下

癸卯，康熙二年

正月，世藩駐思明州，時洪旭守思明，鄭泰守金門，黃廷守銅山。世藩得鄭泰與黃昭往來書，欲襲取之。泰不自安，稱病不來見。

三月，命周全斌督船入海澄港取粮，欲襲金門。見其有備，乃止。

四月，參軍陳永華謀以世藩將回東寧，而謀鄭泰爲居守户官，統轄諸鎮，資其餉給兵。鑄"居守户官"印，遣協理吳慎齋至金門。泰遣其弟鳴駿入謝，世藩慰諭之。見陳永華，情欵甚密。鳴駿回，力勸其行。泰遂六月初六日帶兵舡并餉銀十萬至思明。是晚入城赴席，世藩以其前通書黃昭面質之，遂交與洪旭監留。周全斌率兵并其船，獨蔡璋一船走脱。天未明，至金門，鳴駿倉卒與泰之子纘緒率諸將及兵丁眷口下船入泉州港，向總督李率泰投誠，船凡二百餘號、兵八千餘人，全斌等追之不及。後京中封鳴駿爲遵義侯，纘緒爲慕思伯，文武官班賞，叙用有差。

初十日，鄭泰見其子弟家眷兵衆皆入泉州港，遂自盡而死。

七月，以黃而輝爲思明州知州。而輝，黃廷之子。

八月，黃廷自銅山入見，世藩慰諭之。

自鄭鳴駿入泉州，人心解散，鎮營多叛。右武衛楊富、左武衛何精、義忠伯陳輝等，文官參軍蔡鳴雷、礼官都事陳彭等皆先後投誠。

九月，紅夷糾集甲版船十六隻，夷兵數千，會靖南王、李總督約同攻兩島，候事定之日，欲求語（浯）嶼築城貿易，如廣東香山澳例。後准納貢互市。李總督遂議于島。

十月，調兵陸路提督馬得功督鄭鳴駿以船數百號出泉州港。水師提督施琅同海澄公黃梧出海澄港，靖南王耿繼茂同荷蘭國紅夷扎營同安港之劉五店，至期下船渡海。守高崎正兵鎮陳昇先約降。

十一月，世藩率黃廷、周全斌等會船于金門海。夷船高而且大，一船有大小熕銃千餘號，橫截中流，爲清船藩蔽。是日炮聲如擂鼓，從辰至酉，相續不絕，不啻如雷聲霹靂。世藩見夷船多炮，衆寡不敵，乘潮漸漸退出浯嶼。周全斌等十三號船在後迫于潮長不得出，遂直遶夷船之後，衝大艎而入。夷船發熕齊擊，無一中者。馬得功坐鳴駿中軍船，全斌誤以爲鳴駿也，直前攻之。黃廷中軍將吳朝寧，世藩親軍將蕭乘龍前後夾攻，揮兵過船，得功親隨鐵甲精兵三百人皆被殺下水，得功頓足，自投水而死。再攻楊審一船，焚之，楊富投水，遇小艇救之得免。所遇之船，多被攻没，遂揚帆直出。日暮收兵。海上不知馬得功之死也。黃廷議欲再守數日，周全斌以爲船多被夷炮損壞，不如退守銅山，遂棄兩島而去。

先是，李總督給示准島中百姓過界思明州，知州黃而輝設①世藩准島民渡海，令下三日，而永華復啟世藩禁之。至是清兵入島，遺民尚數十萬，多遭兵刃，男婦係纍，童稚成群，若驅犬羊，連日不絕。而投誠兵搜掠財物，發掘塚墓，至剖建國公鄭彩之棺而殘其屍，墮城焚屋，斬刈樹木，遂空其地，而"嘉禾斷人種"之讖應焉。

十二月，世藩至銅山，衆心離散，鎮營多叛，而兩島之舊將、殘兵、官員、紳士無船可渡海者，或投誠，或逃遁，流離失所，死亡殆盡矣。

甲辰，康熙三年

正月，世藩駐銅山，諸軍乏糧，周全斌欲襲洪旭而併其船，洪旭亦防之。值海風大作，船各飄開，全斌遂率其衆入漳投誠，後封承恩伯。而洪旭以杜輝守南澳，輝亦掠其輜重投誠。

三月，世藩同馮錫範、陳永華等率餘衆回東寧，工官馮澄世一船爲其家丁所迫，自投海中而死。洪旭以二十舟候黃廷同行，時黃廷部下兵將多不願行，議欲

使其子而輝率壻吳朝等率衆投誠,而自己帶家眷與洪旭往東寧。適黃梧遣陳克
竣來招降,黃廷遂入漳投誠。後封慕義伯。洪自往東寧。

八月,李率泰上疏議取臺灣,京中以水師提督施琅掛靖海將軍印,總督投誠
將,周全斌副之,整舟師數百號,候風開洋。

乙巳,康熙四年

四月,靖海將軍施琅等出洋,未至彭湖港,颶風大作,各船飄散,不能相顧,
皆引還。未幾,召施琅入京,加伯銜,爲內大臣,歸旗。其餘降將亦多以總鎮、副
將補。

丙午,康熙五年

丁未,康熙六年

部議分撥海上投誠官兵移住外省,先撥慕義伯黃廷駐河南鄧州,隨召承恩
伯周全斌入京。遵義侯鄭鳴駿病故,其子纘成襲侯。慕恩伯鄭纘緒病故,其子
修典襲伯。皆召入京師,歸旗。其標下官兵及別鎮兵,各給行粮,分駐于浙江、
江南、江西、湖廣、河南、山東、山西、四川諸省屯墾荒田,給其牛種,免其六年租
稅。將領或督墾,或撥在督撫、提鎮等衙門効勞,文官赴部候補。

戊申,康熙七年

己酉,康熙八年

世藩在東寧,以陳永華理國政,馮錫範管侍衛,劉國軒等管兵。忠振伯洪旭
病故,其子洪磊及永華之姪陳繩武等皆任用。

改天興、萬年二縣爲州,置鳳山、諸羅二縣。課耕種,通魚鹽,安撫土番,貿
易外國,向之憚行者,今喜爲樂土焉。

浙江投誠將孔元璋請往臺灣招撫。京中遣大臣明珠、蔡毓榮至泉州,加興化府知府慕天顏卿銜,同渡海往議。世藩遣柯平、葉亨到泉州,議照朝鮮例,稱臣奉貢,不剃髮、不登岸,議竟不成。而數年之間,海上亦相安無事。

庚戌,康熙九年

辛亥,康熙十年

壬子,康熙十一年

癸丑,康熙十二年

十一月,吳三桂舉兵反,遂陷滇、貴、四川、河(湖)南岳州諸郡縣,稱大周元年。

初,平南王尚可喜疏請歸老遼東,而留其子安達公之信襲鎮廣東,朝議許之,并令舉家歸旗。平西、靖南相繼疏請,俱可報。至是,平西反,乃命二王仍留駐鎮。

時耿繼茂已死,耿精忠襲王。時三王交通逆命,雖後停留,而反謀決矣。

甲寅,康熙十三年

三月十五日,耿王傳各官入府議事,總督范承謨、巡撫劉秉政至,伏甲執之,知府王之儀、建寧同知喻三畏走出被殺,范承謨被拘。以劉秉政爲統制使,鄉官蕭震爲布政司,自稱總統兵馬上將軍。移檄各府縣,俱望風而降。

十九日,耿王檄至泉州,提督王進功是夜縱諸將焚劫,燒南街、西街、譙樓,殺掠到曉,紳庶無遺,傳檄各屬縣皆降。興化鎮馬惟興劫興化,守備郭維藩劫惠安,獨同安城守張學堯、晉江水師營李尚文所部無犯。耿王再遣通事黃鏞至臺灣。初,耿王將拒命,遣鏞通世藩,請師爲聲援,至是又遣鏞見世藩,請以舟師由海上出江南，而已統陸師出浙江。鏞回言："海上船不滿百，兵不滿萬。"耿王始輕之。

耿王以黃梧爲平和公，梧病疽，受印不數日，疽壞而死。其子黃芳度襲封，管其兵。

駐漳海道陳啟泰黨于范承謨，與耿王有隙，至是先殺家屬十餘人，乃自縊。陳爲官則甚貪，于死則甚烈。

漳浦鎮陳炎、海澄鎮趙得勝俱降耿。福寧鎮吳萬福貪尫，失將士心，謀拒耿，眾不從。耿王遣都尉曾養性督兵至，萬福出降，誘殺之。養性等乘勝長驅平陽，總鎮蔡朝佐降，溫、處二府皆下。

四月，潮州總鎮劉進忠降耿，密請，耿令劉炎率兵會之。夜攻同安城續順公沈瑞，併其兵。耿王台②王進功至福州，留之，徵其兵。

世藩遣協理禮官柯平至福州報命，時耿聲勢已振，謾應曰："世藩來甚善，各分地自戰可也。"由是兵端遂起。

世藩侍衛馮錫範、鎮將劉國軒率舟數十，兵數千，先至廈門。

耿王檄諸路兵出關，黃芳度遣黃翼帶兵千餘人應命。趙得勝不從，與馮錫範陰約以海澄歸命于世藩，隨將兵進次同安。王進功之入省也，耿王調張學堯鎮泉州，以化尚蘭代守同安。世藩兵至，尚蘭迎降，獲學堯家眷。學堯聞內變趨回，施福引之俱降世藩。

五月，世藩至思明州。以趙得勝爲左提督，封興明伯。張學堯爲左先鋒鎮，化尚蘭爲仁武鎮。遣人至耿王處，議撥船及地方安插兵丁，耿王不答，又禁買船料貨物，遂成仇隙。至是耿王聞同安之失，乃遣王進③率部卒千人入鎮泉州。王進號"王老虎"，原爲漳州副將。時提標五營兵將不肯應調，王進至，與城守賴玉相結納，用提標守備戴國用爲爪牙，勒王進功家眷入省。耿王復遣兵接應，兵將至，進功之子錫藩與其屬楊青等議先發以制之。

六月初一日，以提督大人之命，召諸將議事，誘賴玉、戴國用、李尚文等執之，率兵攻王進。進走登塗門樓，意氣自若。提標兵無統帥，相持竟日，進恐海船至,更深整隊出城而去。

初三日,錫範等殺賴玉,分其屍。

初四日,絞殺戴國用,釋李尚文,迎世藩入城。以錫藩爲指揮使,暫理提督軍務。

黃芳度襲殺漳州城守劉豹。豹,耿王所署也。世藩遣人諭之,芳度遂降,封德化公,授前提督,漳屬錢粮聽其徵給。芳度終不自安,差人間道齎密疏入京。

七月,平南王遣兵圍劉進忠于潮州,耿王不能援,進忠求救于海上。世藩遣援勦後鎮金漢臣率舟師援之,以進忠爲右提督,封定虜伯。

九月,耿王以步騎三萬,遣王進攻泉州,鼓行至惠安,肆行焚掠。世藩命劉國軒督諸鎮并統五營兵禦之,對壘逾旬,進退屯楓亭,列營二十餘里。

十月,國軒兵至塗嶺,嚴陣會戰。王進見前陣皆新募之兵,直前擊之,兵皆懼法死戰。國軒令許耀分兵襲其後,焚其營盤,進兵大敗。國軒追至興化城外,三日夜而還。

十一月,周吳三桂前遣禮曹錢點來聘,值鄭、耿二家交兵,回報,復遣礼曹員外周文驥來和解。

劉炎在漳浦,不降世藩,密請援于耿王,耿遣兵會之,至平和,世藩檄黃芳度擊走之。耿王復其親軍都尉徐鴻弼自間道入漳浦,世藩以馮錫藩、趙得勝督諸軍攻之。鴻弼、劉炎會雲霄鎮劉成龍合兵迎戰于羅山。右虎衛何祐揮軍擊之,鴻弼等大敗,走回城。馮錫範以紅夷衝天炮擊入城中,劉炎等大懼,同鴻弼、成龍俱出降。

十二月,趙得勝督軍援潮州,與平南王兵戰于黃岡,大破走之,潮圍始解。初,進忠被圍,金漢臣一軍盡殲焉,進忠極力守禦,將及半載。至是,廣兵燒營而遁。世藩分設六官,名曰協理:洪磊爲吏官,楊英爲户官,鄭斌爲禮官,柯平爲刑官,楊賢爲工官,兵官缺。置六科都事、都吏、察言司、承宣司、賓客等司。陳永華爲總制,留守,兼管勇衛,馮錫範爲侍衛,二衛皆親軍。薛進忠(思)爲左武衛,劉國軒爲右武衛,何祐爲右④虎衛。以施福爲五軍,其左右先鋒及諸鎮營皆聽五提督調遣。凡文武事宜,皆贊畫參軍陳繩武、侍衛馮錫範主之。

初,世藩之來思明州也,兵餉取給于東寧。洪磊承其父洪旭遺命,助餉銀十萬兩,至是兵衆餉多⑤,轉運不給,乃以六官督比紳士富民以充之。以鄭省英爲宣慰使,總理各府縣錢粮,百姓年十六以上、六十以下,每人月納銀五分,名曰毛丁。船計丈尺納税,名曰樑頭。及設各府鹽引,分管鹽場,以給兵食。

乙卯,康熙十四年

正月,耿王遣張文韜來賀正議和,送船五隻。世藩遣礼官鄭斌報使,約以楓亭爲界,自是鄭、耿交好。

二月,永春馮眺峰寨民吕華不服徵派,薛進忠(思)圍之,三個月不下。知縣鄭時英諭之出降,釘殺之,家族發淡水充軍。

續順公沈瑞駐饒平,劉進忠攻之,不克,廣兵來援,何祐遇之于百子橋,破走之,瑞出降,改封懷安公。傳流洪經略承疇胞姪士昌、天倫、天思及眷口于東寧之狼嶠,法公論也。流前進士楊明琅及眷口于狼嶠,以其過崇禎帝梓宫不下馬,父修南安縣志以海上爲海寇也。後皆死于流所。知南安縣事劉祐有云:"洪經略未必盡是,鄭國姓未必盡非。"世藩悦其言,召,已逃回籍矣。

五月,劉進忠請大師南下,許之。

初六日,世藩入海澄,遣斌入漳慰諭黄芳度,或束兵入見,或率兵隨征,芳度終不受命,密調回黄翼出關之兵。耿王移檄召之,亦以疾辭。世□□□□□城之許⑥。

劉國軒率諸鎮兵至潮,與進忠規取屬縣之未附者。安達公尚之信悉力守禦,相持日久,粮乏兵病。之信調十餘萬盡銃(鋭)來攻,國軒自新墟寨一日一夜退至鸞母山,以餘粮露載車上,宣慰使洪磊懸金以賞有功,軍心稍定。進忠與國軒議曰:"之信大兵必從小路而來,出我不意,須得勁將扼之,惟何祐可任,然不可言其故,恐其心怯,子可嚴陣以待,而予將騎兵背城以爲應援。"國軒從之。是夜,見大路上敵營火光點點,進忠令放大炮擊之,見火光不動,進忠曰:"是空營也,我兵可安寢以待。"次日,之信率兵從小路而來,何祐見大隊突至,欲退不可,冒死奮勇,極力擊之,無不以一當百,之信大敗退走。國軒等窮日夜追之,殺死不計其數。是役也,以飢卒數千,破敵兵數萬,由是何祐之名,振于粵東。祐綽號"何錐子"。

六月,世藩自海澄移檄⑦萬松關,黃芳度令其下俱剃髮據守,遣其兄芳泰入粵請援。世藩進攻不利,援勦後鎮萬宏登梯中炮死,乃築長垣圍之。調何祐堤⑧潮州先攻平和縣,守將賴陞降,諸屬縣皆下。

十月,海澄公標將吳淑以漳州降。

初,淑投清,屬公標,黃梧待之厚,將死,呼淑托曰:"吾兒年少,君可保全之。"及城被困日久,淑謂其弟潛曰:"我本海上舊將,公雖待我厚,我負罪于先藩寔深。今世藩待我眷族恩尤有加,豈可及圖逆命。"遂以初六日開城。大兵入,芳度倉皇投開元寺井而死。獲其將黃翼、蔡龍、朱武、張濟、戴麟、陳驥、黃琯等,皆斬之,没其家。剖黃梧棺,戮屍斬首,及芳度首,揭以徇衆。有議發梧祖塚者,世藩曰:"罪止其身,于先世者何與?"不許。

後清贈芳度爲忠勇王。時芳泰往粵求援,會其兄芳世由汀州至永定,亦以是日破永定縣,聞漳州降,乃大掠而遁。世藩以吳淑爲後提督,吳潛爲戎旗二鎮。

十一月,令龔淳往日本取回鄭泰所寄之銀。淳乃泰委寄之人,并執有票可據。先是,兩家紛争,夷人皆不肯與,至是夷人混開支銷,銀凡四十五萬,僅得二十六萬而回。

丙辰,康熙十五年

正月,以右虎衛許耀、光衝鎮洪羽等率師會在潮諸軍,攻取廣東州郡。

二月,平南王昏病日甚,會周師克肇慶、韶州等處,廣州人人自危。駐潮諸軍聞報,燒營遁回。劉國軒、劉進忠、何祐等分南北兩路而進。碣石鎮苗之秀軍程鄉,其妻在汛,遣人迎降,仍勸之秀納降欵。世藩許其回鎮碣石。國軒等水陸並進,圍惠州,攻博羅不下,旋下長樂、新安、龍門等縣。之信窮蹙,遂乞降于周。周封之信爲轉^⑨德公,令其讓惠州于海上。之信檄提督嚴明撤守兵回廣,遣使饋弓馬幣帛通好。召以國軒鎮惠州,東筦守將張國勛亦降,以爲後勁鎮,自是與周分界而守。

五月,耿王調汀州鎮劉應麟兵出關,麟不從,密來通欵。乃遣吳淑挺(提)兵,馳書與耿王,言欲假道汀州,以出江右。耿王遣兵防城,應麟懼其圖己,率所部州掠瑞金石城。吳淑兵至,應麟與謀攻城,下之。以應麟爲提督。

七月,調劉進忠出師,進忠稱疾不行。進忠自潮州定後來見,世藩待之禮意疏略,見左右用事者皆碌碌,知不足與有爲。及假(取)汀州,嘆爲失計。至興寧,與諸將不協,流言日起,遂稱疾回潮,陰爲自守之計。

九月,耿王師出浙江者,爲總督李之芳所扼,多被摧敗,京中遣康親王提兵乘機入閩。兵出江西者,總督蔡毓榮及滿州兵移駐兵拒之。失廣信、棄建昌,大勢已潰。又聞汀州已破,益憂内顧。諸將遂密謀,詐作耿王投誠獻關。耿王聞變,收王進、范承謨、蕭震絞殺之,欲乘船奔海,爲都尉徐文耀所脅,不得出城。遣王進功回泉取救兵,密囑曰:"吾忍死以待也。"延平已失,不得已于十九日剃髮迎康親王入福州。後耿王入京,與徐文耀及諸將領皆伏誅。興化守將馬成龍以城來降,令許耀率兵赴之。

十月,令許耀督諸軍進取福州,駐師烏龍江。許耀驕從,諸將不服,飲酒嬉戲,無他謀略。清來渡江,有議于半渡擊之,不聽。既登岸,倉皇出戰,前鋒死鬥,不能分兵救援。及少却,又不殿後,引兵先走,委棄輜重器械,不可勝計。乃遣趙得勝、何祐屯興化,以禦清兵。

耿王檄曾養性等自溫州航海回閩。朱大貴以舟師來降,其餘逃入福州。奇兵鎮黃應選擊之,獲巨船數千^⑩號。

十一月,邵武守將獻欵于吳淑,淑赴之,移兵據守。

十二月,清兵至邵武,吳淑禦之。時大雪嚴寒,諸軍涉溪拒戰,皆凍壞不能走,遂棄邵武,退劄汀州。

清兵進至建寧縣,薛進思守汀,聞之驚懼失措,劉應麟願傾貲餉兵固守,進思猜疑不從,棄城而走。應麟奔潮州,依劉進忠,發憤病死。

平南王尚可喜于九月病故,之信遂遣使報訃,并請其妹奔喪。妹,沈瑞叔母也,許之,并遣使弔喪。周封之信爲轉⑪德親王。

丁巳,康熙十六年

正月,清兵至興化。時諸軍銳氣已喪,何祐又與得勝不睦。得勝出戰,何祐坐視,得勝力戰而死,何祐奔回泉州。

二月初九日,清兵至泉州。守將林定無備,城破,標將林孟、參宿營謝貴死之。林定素與民相安,近于民間,削髮走免,諸軍潰散。

十九日,清兵至漳。世藩倉皇登舟至海澄,棄而不守。至廈門,欲回東寧,百姓號江⑫攀留,角宿營吳桂整兵防守,衆賴以安。繼而餘衆稍集,乃遣水師防衛,分汛而守。

祭趙得勝,親臨哭之。斬薛進思。原姓名裴德。許耀綑責,耀病痢,不數日死。何祐、吳淑戴罪自効。

遣諸將家眷搬回東寧。王進功、沈瑞、張學堯等陸續起程。劉炎以母老病,至外洋,勒兵劫船,乘風下碣石衛,依黃之秀。後歸清,至京,流徙寧古塔。

三月,時諸將追集思明,兵餉不給,乃分汛⑬南北地方,措餉召募。以前虎衛林陞等、水師樓船中鎮蕭琛等駐骨陽至定海、福寧一帶地方,以後提督吳淑、揚威前鎮陳昌、戎旗一鎮林應、奇兵鎮黃應等駐同安至潮陽、揭陽一帶地方。

三月,漳浦巫者朱寅挾左道,詭稱三太子,聚集海上殘兵,率二百餘人于十九夜襲泉州,攀堞而入,鳴鼓揚旗,從開元寺前至西街,守兵以爲海兵復至,乃於雙門前發一大炮,寅乃抽回,出城而去。人以爲神,附者日衆。屢屢皆勝,蔓延於漳、泉屬縣。凡深山窮谷、巖寨無所不到。派粮以食,頭裹白帶,時人謂之"白頭賊"。

六月,劉進忠擁兵觀望。世藩遣户官至潮徵餉,不應。買運,又閉糴。獻

（款）於周，至是歸清。後召至京，殛死。

劉國軒在惠州，尚之信歸清，孤城難守。世藩遣水師迎之，乃率所部航而歸。

清以黃芳世襲封海澄公，授汀漳總鎮。公標守備黃鹽授海澄總鎮。芳世請兼水師提督，許之。芳世至閩，驕傲專用，北兵人心不附。

周將韓大任據守吉安，清兵圍之，經年無援，乃造小舟於城內，乘夜以繩引舟，截江渡兵潰圍，走入閩界，欲下海，有信來通。十月，世藩遣何祐等至南靖小溪收兵，吳淑等至長泰，扎天成寨以遙應之。大任竟以粮盡，就國（閩）省投誠。

後大任歸旗，從大兵征噶爾旦，衝陣而死。

十二月，清兵圍吳淑于天成寨，朱寅率衆來援，吳淑突圍而出。

康親王遣漳、泉二府知府同泉紳黃志美等照朝鮮例來議撫，海上不從，亦無報使。

戊午，康熙十七年

正月，泉州提標兵巡界，駐日潮，水師四營陳陞擊之，大爲所敗，標兵乘勝侵掠東石等處。

二月，以劉國軒爲中提督，總督諸軍，後提督吳淑爲副。

初十日，國軒督軍至海澄，攻玉川，清守將劉宗降。狗三人河、福滸，皆下。

十八日，進取江東橋，清守將王重禄、吕韜等奔潰，遂燒斷橋梁，以絶漳、泉大路。漳州援兵至，國軒分兵擊敗之，三戰三捷，軍聲大振。二十三夜，取石碼，獲清守將劉□[⑭]、楊朝宗，遂軍于祖山頭，以逼海澄。清副都統孟安等自潮來援，國軒退屯石碼，築垣拒守，仍分兵屯漳州郭外。清提督段應舉自泉州來，寧海將軍喇哈達自福州來，平南將軍賴哈自潮州來，先後應援，國軒倏水倏陸，滿漢疲于奔命。三月初一日，國軒列陣郡東赤嶺，清兵背城迎戰。前虎衛林陞一軍當其鋒，殺傷相當。朱寅率兵按（扎）天寶山，以牽漳兵之勢，黃芳世擊敗之，寅遁入長泰。

　　國軒樹柵雙橋一帶,離漳數里。滿、漢諸將會議以一隊同黃芳世扎水頭、小灣、腰樹,一隊扎鎮門,安炮以斷其往來水路。國軒偵知,十⑮一日黎明,焚營徹兵。漳兵意其遁也,少頃,舉帆直抵水頭登岸,涉嶺進戰。芳世素不知兵,又與漢將不協,吳淑攻之,戰敗墜馬,遇救得免,走入漳城,病月餘死。自水頭之敗,海澄餉道阻絕。段應舉會綠旗兵及滿州將軍兵數萬,列營祖山頭。十八日下午,國軒兵至,應舉揮兵迎敵,何祐以却,江勝、吳淑等繞出祖山之背,國軒督勁卒登山,衝滿州營,滿兵敗走,眾大潰。國軒又以逆⑯兵截漳州大路,滿、漢兵棄輜重,自相踐踏,奔入海澄。國軒夜令軍士鑿塹,一人一丈,引江水環城繞之,外又鑿溝數里,沿堤兩岸安銃守之,由是內外阻絕。

　　是月,初三日,吳三桂稱號于衡州,以周爲國號,改元昭武。

　　四月,朝命召總督郎廷佐入京,以布政司姚啟聖代之。勒巡撫楊熙致仕,以按察使吳興祚代之。調江南提督楊捷代段應舉,援兵四集,屯筆架山,以救海澄。

　　五月,劉國軒以筆架山南小寨懸崖,狀如掛燈,俗呼"燈火寨",下臨大溪,順流可通海澄,問誰可扼守。吳淑請往,乘夜率兵進寨,天明,寨柵完備。初十日,酉時,滿營發炮攻擊,連夜不絕。淑令軍士穴地藏身,無死傷者。馳報國軒,以爲乘夜發炮,意不在寨,當別防之。信至,滿、漢兵齊至祖山岳領,破林彪、張鳳二營,鳳戰死。進攻林陞營。國軒援兵至,姚啟聖之子姚儀統韓大任降兵,以牛戴土囊填溝,至第三重,國軒發大炮齊擊之,死者無數,漢、滿兵多填于塹,遂退。時京中上諭,有能救海澄及城中兵將有能拔圍而出者,皆重賞。奈國軒鑿塹通潮,圍至數重,不可復救矣。

　　六月初十日,國軒攻入海澄城,段應舉、穆伯希佛自縊,黃藍不知所終。獲孟安、馬虎等滿、漢官三十餘員,皆釋之,授官給俸。滿兵千餘,遷之東寧。時城中滿甲二千,馬八千餘疋,綠旗兵、城守兵計二萬餘。圍八十三日,糧盡,殺馬而食,馬盡,屑馬骨食之。死亡及泅水而出者過半。閩省震恐,諸援兵退守漳郡。朱寅下海,封爲蕩虜將軍,改名蔡明義,歲餘病死。國軒議乘虛以泉州,令吳淑分兵下長泰縣。國軒兵至同安,都統雅大里走回泉州,擒鄉總兵黃朝先斬之,與何祐、江欽、楊德十數騎離隊伍先行,至泉城,循清源山,于東嶽相視營地,城中兵不敢出。久之,隊伍始至,扎空營于平地,城中兵終不敢出。

七月,國軒水陸並進,江欽攻南安,殺守將,諸縣守兵相繼棄城逃走。遂取南門橋銃城,載龍熕及大銃數十號攻南門城,城崩壞四十餘丈,盡爲平地,城內再築矩(短)墻以守。清城守馬勝等以釘釘裝船板,鋪于地上,兵入城,無踔足處,損傷甚多,會天大雨,城竟不拔。圍泉兩月,援兵四至,將軍喇哈達從漳平開道出安溪,巡撫吳興祚同浙江右提督由白鴿嶺出永春,提督楊捷由廣橋進河市,會合來南安,皆未敢向前。清提督調水師林賢、黃鎬等出閩安鎮,遙爲聲援。

八月,水師鎮總督蕭琛守定海,林賢等舟師至,琛戰船不先期整頓,議以舟寡且小,欲據上流牽制之。水師五鎮章元鎮欲先發制人,率所部十舟進戰,林賢等擊之,衆寡不敵,阻風遂流,一軍盡沒,被擒入福省殺之。琛不防備,遇敵大潰,退泊海山,遂妄報福州水師兵大至。世藩遂令劉國軒退兵以守思明,國軒于二十四日退兵下船。隔三日,城中兵始敢出。世藩召回蕭琛斬之,以援勦左鎮陳諒、後鎮陳起明督朱天貴等水軍防禦北船。

周王吳三桂病死衝(衡)州,孫世藩立。其姪應奇守岳州,驕而貪。清兵攻之,棄岳州遁回,于是雲南、湖廣皆不守,遂亡。

九月,劉國軒入江東橋,至長泰,滿、漢兵遇之皆披靡。乘勝長驅,至耿精忠營衝之,馬中炮,掀國軒墜地。有滿州披甲,前蒙國軒放回,遇之,以騎授國軒,姑走免。滿州主將詢知,怒而殺之。國軒出江東,守汉[17]河,列營觀音山,與滿、漢兵軍壘相望。

十月,時漳、泉屬縣盡棄,惟據守海澄。姚啟聖等難于復命,乃遣人來議息兵安民,意欲得海澄也。海上竟不從。

十二月,再議遷界。甲寅之變,閩省遷民悉復故土。丙辰,八閩已復,康親王疏稱遷界累民,罷之。至是,督撫請再遷,從之。

己未,康熙十八年

正月,時雖設界,而海汛往來内地,派糧如故。清朝乃議上自福寧,下及詔安,三十里量地窄要築小寨,安守兵,限以界墙。由是瀕海數千里無復人煙。先是,思明州民每月每户輸米一斗,自二月起,每户再加一斗。劉國軒請停文武俸,自出粮餉兵三月,從之。

三月,姚啟聖以果堂寨迫近江東橋,欲發兵據守。國軒偵知,同吳淑發兵入據其寨。漳兵至,擊走之。

自定海失守,以朱天貴守海壇,陳諒爲水師總督。于廿九早,各船乘南風迅發,進泊定海。福州集船百餘號,由五虎門而出。陳起明、朱天貴率煩船衝艟而入,擊破十餘船,獲大鳥船一隻。值大風暴起,福船收入五號,海船收泊海壇。

四月,陳永華啟請長子克壓爲監國,時年十六,號曰"監國世孫"。

六月,鄭時英駐東石督餉。時禁界鹽貴,居人多私來東石販鹽。時英獻策,欲掘沿海鹽埕,則利盡歸于我。世藩乃檄林陞,令楊忠率兵往潯尾,掘南北場鹽埕。忠至深扈,舍舟登岸,連掘兩日夜,兵不就船。竿頭守將密請泉城大隊兵,亟四面合攻。忠力戰不支,中炮歿于海,餘衆死傷逃亡過半。界禁既嚴,私販亦絕。

七月,國軒築潯尾寨,一夜而成。同安守將兵至,擊走之。復築泅洲城。由是同港入槳船不敢出。

京中以萬正色爲福建水師提督。正色,晉江人,歸誠任參將,以四川朝天關功,陞岳州水師總鎮,湖南平,遂擢是任。

八月初,耿王之變,漳浦人江機與楊一豹同時聚衆于江右,依耿王,攻清兵,克復江西,招降不從,攻之不能克,據皇禁山,攻掠村社。至是通欵于海,世藩授爲征夷將軍。[至]是率衆入閩,建寧守將劉起龍禦之,陣傷敗回而死。機足跛,號"拐子"。一豹青年壯勇,後投誠,遂流寧古塔。

九月,右武衛林陞汛守東右,取給軍餉。及楊忠敗死,林陞調兵隨征,僅以散卒三百餘人委施廷、陳申守寨。時有數卒入泉城報知,城中發馬步數千,於廿五日四面環攻，施廷被創，陳申戰死，寨破，兵民赴海死者無數。清兵仍築三寨，犄角以守。

十月，國軒離漳城五里而軍。時援漳滿、漢兵共十餘萬，國軒兵亦有萬餘。營壘咫尺相望，指揮自如，諸軍畏之如虎。國軒以果堂扼要重地，初八日，率兵就果堂復版尾地方再築一寨。初九日，工未就，滿、漢將軍、提督集兵數萬齊至，銳不可當。國軒與吳淑、何祐、林陞、江欽、又名江勝。不滿二千兵，奮勇死鬥。日午至申，衝擊殺叠，國軒戒依寨且守且戰。每次炮發，無不披靡。陣斬章京巴石兒等，其餘帶傷以數千計，始引回。自是氣奪，兵不敢出。國軒時縱率數百人，皆持鹿銃，間以鳥鎗，渡河衝擊，身登土阜，據胡床張蓋而觀之。滿、漢兵遇之，無不摧破，皆堅壘貞守不暇。又善用間諜，敵人情狀，纖悉必知，時謂之"劉怪子"。

姚啟聖遣人至海上議息兵，又說國軒罷兵就撫，國軒巽詞以謝。啟聖又設修來館，懸重賞，海上文武兵將來者，次第俱賞銀有差，降者日數百人。時諸軍缺糧，國軒一切不禁，頭領與兵丁，長髮與短髮，往來循環，而國軒兵額亦不缺。

十一月，吳淑守版尾寨，清兵築壘環攻，炮聲日夜不息，淑處之晏如。身被傷，復染病，不以爲意。時值陰雨，新築垣壘多壞。揮左右避之，自踞東而臥。初八夜二更，墻傾壓死。舁至思明，世藩親臨哭之，以其次子吳天駟爲建威左鎮，統其兵。

十二月，姚啓聖、吳興祚大集舟師攻廈門，題請浙粵水師剋期協攻。世藩調各洋船、私船配兵北上，以右武衛林陞爲總督，左虎衛江勝、樓船右鎮朱天貴爲左、右副總督，率諸軍禦之。

庚申，康熙十九年

正月，水師提督萬正色督舟師出閩安鎮，撫院吳興祚率兵沿海援之。林陞分船三十號守海壇，自統船六十號泊泉州臭塗灣。

二月,萬提督至海壇,海船俱退至泉州迎敵。萬提督至圍頭,朱天貴以七船衝其艍,所向無前。俄海風大作,萬提督乘風收拾各船入泉州港,而沿海岸上安炮,陸師防守。海上各船無所所,乃退至金門。世藩所親幸施福密通姚總督,欲爲内應,使授降兵數百人,挈眷來歸。乘機欲舉事,國軒諜知,啟藩收殺之,併及施齊福,即施亥齊,施將軍長子。

世藩議欲撥國軒兵三千,配小船直入泉州港,攻萬提督,使又(人)持令箭抽兵。時兵已久無粮,盡皆退潰,國軒禁不能止。海澄守將陳昌以城降清。國軒至廈門,知勢不可爲,收拾餘衆下船,百姓遮道攀留。

廿六日,兵變擄掠,世藩焚演武亭行營,盡率諸將登舟。協理五軍吳桂聚散卒據廈門,以待清兵。

廿八日,萬提督兵入思明州。

二十九日,世藩至澎湖。朱天貴守泊銅山,姚總督招之,遂投誠。

三月十二日,世藩回至東寧。

五月,東寧地有聲如驢鳴。半路店雨雹,大如鷄子。

六月,總制陳永華晝坐,見有衣冠甚偉者,自稱行灾使者,欲借其衙署,約三個月然後去。永華設席張樂讌之,與之談甚久,餘人不見也。即封衙署借之。

承天府豬生四耳三目,前二足向上。

令田一甲⑱出丁壯一名。

七月,陳永華病故。

十月,劉國軒營中豬生子,獸身人面。

十一月,白氣長數丈,見于西方。

辛酉,康熙二十年

正月二十八日丑時,世藩殂於承天府行臺。

三十日,馮錫範、劉國軒調兵駐承天府,會六官,議立嗣。董太妃與諸公子收監國印,克塽不肯與,擁兵自衛。公議以克塽乃乳母抱養之子,非親血脉,乃縊殺之。妻陳氏亦自殺,永華之女。

二月初一日,董太妃率世子克塽登位,時年十二歲,錫範之壻。百官朝賀畢,太妃起,出位,諭所以誅監國故,以世子附托馮、劉等佐,竭力匡扶,涕淚沾襟,衆心大慰。

以馮錫範爲忠誠伯,劉國軒晉武平侯。國軒初以海澄公功封武平伯,至此封侯。

大赦國中。

以二公子聰爲輔政公,領護衛。

三月,以五公子智爲右武驤將軍,募兵。

四月,以三公子明爲左武驤將軍,募兵。

五月,總督姚、巡撫吳、陸提諸、水總萬,題爲報明事。本年四月廿一日,據舉人黃金從呈繳僞官傅爲霖密稟,內開:僞藩于正月廿八日病故,三十日縊死其監國長子欽舍,二月初二日立秦舍,叔姪相猜,文武解體,主幼國虛,時不可失。等情到臣等。又據龍溪縣送到僞官廖康方稟稱相同,俱與臣等密探相符,此乃天亡之時。但臺灣孤懸海外,統師遠勤,時地難測,非臣等所敢擅定,會同具題,請密示,臣等遵奉施行。

六月十六日,董太妃薨。時協理刑官柯平已病故,陳繩武閒住。國事錫範主之,兵事國軒主之。

八月廿八日,中軍營火。

九月初三日,塗輕庭火。

十月,賓客司傅爲霖通清事發,逃亡。廿八日獲之。

十一月初一日,誅傅爲霖及同謀宣毅左鎮高壽、都吏陳國威,盡殺其子弟。續順公沈瑞,令自經,家屬入官發配,禮官斌之女。

總督姚上疏請攻臺灣,力荐內大臣伯施琅可任。水師提督萬言臺灣難攻,且不必攻。朝命召見施琅,仍以靖海將軍充水師提督,改萬正色爲陸師提督,代諸邁。

壬戌,康熙二十一年

正月,施將軍出京至閩,于廈門各處調兵修船。劉國軒以銃船十九號、戰船六十餘號、兵六千人,撥諸將守澎湖,身往來督視。

五月,姚總督率官兵至銅山候風。

劉國軒至澎湖,臺灣列兵至銅山候風,守各港澳。

六月,姚總督官兵回汛。

七月,國軒歸自澎湖。安平鎮火。

施將軍題請專征,奉旨相機進取。

十月,歲饑。

十一月,國軒至澎湖。

十二月,承天府火災,沿燒一千六百餘家,米價騰貴,民不堪命。國軒歸自澎湖。

癸亥,康熙二十二年。海上仍稱永曆三十七年

正月,馮錫範備兵鹿耳門。

二月,米價大貴,人民飢死甚多。

五月,劉國軒率師至澎湖。

六月十四日,施將軍自銅山開船,大小五百餘號。姚總督撥陸兵三千隨征。十五日到八罩。

十六日,進攻澎湖。國軒列架炮巨艦數十以待。諸將皆望而逡巡,惟提標藍理、曾成、張勝,正黃旗侍衛吳啟爵、同安游擊趙邦試、海壇游擊許英、銅山遊擊阮欽爲七船,冒險深入鏖戰。海艘齊出,已圍。施將軍恐數船有失,急將坐駕衝入,內外攻擊,敵稍却。將軍遂同七船隨流而出。時天色將晚,遂在西嶼頭洋中拋泊。十八早,舟次于八罩,以收諸軍。國軒聞而喜曰:"誰誰⑲施琅能軍?天時、地利莫之能識。諸君但飲酒以坐觀其敗耳。"蓋澎湖六月數起颶風,無三日晴朗。而近澎諸島下有老石,槎枒若銑樹,削利無比,凡泊舟下扎,過(遇)風

起,立決,而颱乘莫不危之。然停泊數日,浪静風恬,亦天幸也。十八早,移至虎井。施將軍乘小舟于内外塹峙間,密覘形勢。于是再申軍令,嚴明賞罰,命總督陳蟒等領船五十號,從東畔峙内直入四角山。又令總兵董義等填船五十號,從西畔内塹直入牛心灣,以爲疑兵,示以若欲登岸者。將軍自率諸鎮將,部署大鳥船三十六號居中,分爲八艘(股)排入,餘船以次而進,以爲後援。指畫既定,俟風而舉。二十二日巳刻,南風大發,南流湧起,遂下令揚帆聯進。風利井㉑快,瞬息飛駛,居上流上風之勢,壓攻擠擊,一可當十。又多用火器火船,乘風縱發,烟焰彌天,海舟相沿,燒燬殆盡。國軒見勢蹙難支,遂乘小舟從北面孔門逸去,而全軍覆没矣。是役也,惟前鋒林賢、朱天貴二船初入灣澳,天貴候中炮而死,林賢被傷兩箭,餘諸軍皆無恙。國軒敗回,群情洶洶,魂魄俱奪,惟有束手待斃而已。于是施將軍駐師澎湖,休勞士卒,收拾船隻,爲進取臺灣之計。下令:戮一降卒,抵死。諸島投戈者數千人,皆厚恤之。有欲歸見妻子者,令小船送之。降卒相謂曰:"軍門肉我白骨矣,死難報也。"歸共傳述之,臺灣民衆莫不解体歸心,惟恐王師之不蚤來也。世子克塽與錫範、國軒泣相謂曰:"民心既散,誰與死守?浮海而逃,又無生路,惟有求撫之者耳。"于是遣鄭平英、林惟榮、曾蜚、朱紹熙賫乞撫書表,于閏六月初八日至軍前,且求聽旨臺灣。將軍曰:"削髪登岸,煌煌明旨也,何故不遵?且若軍不親到軍門,遣代賫書表,詐也,爲緩兵計耳!"復令曾蜚、朱紹熙面諭之。

七月十五日,世子復遣馬錫珪、陳夢煒、劉國昌、馮錫韓同曾蜚、朱紹熙再至軍前,一遵教令焉。

明寧靖王術桂衮冕拜告祖宗,從容投繯死。于是將軍令侍衛吳啟爵及筆帖式常在同、馬錫環等前經臺灣宣布德意,且密察海上虛實情形。侍衛于七月十九夜再至安平鎮。翼日,見世子克塽,謂之曰:"足下退居島嶼,原與三王不同。三王謂吳、耿、尚也。三王,國家叛臣也,罪在不貰。足下三世仗義于海澨,亦人之所難也。今若向代(化)歸德,使海宇廓清,朝廷必有格外殊恩,當不失爵禄也。"克塽曰:"待召意及宗祐,敢不唯命是聽。"見國軒曰:"澎湖之役,天也,非人也。君今雖挫衂以歸,而雄邁之風不衰,島上之英傑,惟君一人耳。然所謂英傑者,在識時務。今大師臨門,或戰或降,決之一心足矣,何必遲延觀望,致誤大計耳。”國軒曰:“天威遠震,波臣革面,誰敢復有異志。侍(使)君但安坐以待,必得約契以報軍門也。”蓋臺灣世子年幼,内政馮錫範主之,外政劉國軒主之。錫範處庸懦,豎子進退無據,故相持未決焉。侍衛復謂國軒曰:“築舍之謀,終無成日,但君令兵民遵制剃髮,則大事可定矣。”國軒曰:“謹奉教。”遂下令兵民剃髮。錫範亦遂與世子遵繳册印,而舉國納歸焉。侍衛回報將軍,將軍喜曰:“不待勞師而傾國効順,朝廷之福也。”即令侍衛馳驛入奏,并繳歸誠册印。

九月初六日,侍衛至京。朝廷召見,特加慰勞。因問澎湖克捷事情,侍衛披圖指畫,備言渡海艱難,藍理等冒險進攻,凡兩舉而後得之。又言諸將士冒刃用命,摧鋒血戰之苦,朝廷為之揮淚。因諭部臣:“閩師遠出海疆,冒險勦寇,非滇、黔陸地可比,論功再加一等。”朝廷又問臺灣事,對曰:“臣至其地,視偽主幼未諳事,國事盡委于馮錫範、劉國軒。錫範懦而無斷,低徊猶豫,其寔無能為也。劉國軒傾心歸命,挾以必從之勢,故臣得畢其事而歸。”又問臺灣形勢,侍衛條對甚悉。問:“提督重兵入險,有虞否?”對曰:“海上既敗之衆,莫與共命者,但恐總督後至,彼或議論不一,搶掠而逃,苦害朝廷之百姓耳。謂其螳臂敢推拒轍,必無之理。”上悦,因解所御龍袍并賦詩以賜提督,加授靖海將軍,封為靖海侯,世襲,以示酬庸焉。

八月十五日,施將軍統率大師至臺灣,百姓壺漿相繼于路,海兵皆預製清朝旗號以待。克塽等以次出謁,皆謝不殺之恩,將軍俱禮遇之。

十月十七日,侍衛自京回至軍前,啣命申告,軍民莫不加額焉。

部議以臺灣番民雜處,山海要津,設總兵一員,副將二員,統水陸官兵一萬各鎮守之。又設道官一員,一府三縣,以統治百姓及番民衆。府曰臺灣府。附郭為臺灣縣。南路為鳳山縣,北路為諸羅縣。建置既定,經畫事竣。

十月初六日,世子、馮錫範、劉國軒、何祐等併眷口登舟。十一月初六日,至泉州。初七日,往福省進京。

十二月,總督姚啟聖病死。

克塽至京,封爲漢軍公。弟克舉准開牛录。叔鄭聰等俱以三品、五品官食俸、隨旗。馮錫範、劉國軒俱封伯。國軒隨補天津衛總兵,其子准開牛录。

自丁亥永曆元年起,至癸亥永曆三十七年止,海上始末俱在于此,以備採擇焉。

取臺灣一節行文多以叙事,兼議論,而又多載諸人口中語,與本録是兩樣筆,今兩存之可也。但于癸亥年下當增注清漳詹氏删補,庶不相混耳。

【校記】

① “設”:同安本排印本作“啟”,省館本作“請”。

② “台”:同安本排印本、省館本作“召”。

③ “王進”:同安本排印本作“王進功”。

④ “右”:同安本排印本作“左”。

⑤ “兵衆餉多”:叢刊本作“兵多餉少”。

⑥ “世”下脱五字,下接“城之許”,同安本排印本作“藩遂定攻城之計”,省館本殘作“藩□□□城之計”。

⑦ “橄”:同安本排印本作“扎”。

⑧ “堤”:同安本排印本、省館本作“從”。

⑨ “轉”:省館本、叢刊本及《閩海紀要》本作“輔”。

⑩ “千”:同安本排印本作“十”。

⑪ “轉”:省館本、叢刊本及《閩海紀要》本作“輔”。

⑫ “江”:同安本排印本、省館本作“泣”。

⑬ “汛”:同安本排印本作“派”。

⑭ “劉”下空一格,同安本排印本作“符”。

⑮ “十”:原作“干”,依同安本排印本、省館本改。

⑯ “逆”:同安本排印本作“疑”。

⑰ “汉”:同安本排印本作“三叉”,省館本作“汉”。

⑱ "一甲"：同安本排印本作"四十甲"，《靖海志》作"十甲"。

⑲ "誰誰"：下"誰"字，同安本排印本、省館本作"謂"。

⑳ "井"：同安本排印本、省館本作"舟"。

校 點 後 記

《海上見聞録》二卷,清阮旻錫撰(舊題"鷺島道人夢庵撰")。

阮旻錫,字疇生,號鷺島道人,又號輪山夢庵,泉州同安嘉禾里(今屬厦門市)人,生於明天啟七年(一六二七)。明亡之際年方弱冠,慨然謝舉業,師事曾櫻,傳性理學。著作有《海上見聞録》、《夕陽寮詩稿》、《燕山紀遊》等。

《海上見聞録》始著於康熙五年至廿五年(一六六六——一六八六),其時乃作者居留京城期間。晚年回鄉後,又對文稿加以訂補,康熙四十五年完成,定名《海上見聞録定本》,署款"八十叟輪山夢庵"。

本書爲記載鄭成功、鄭經、鄭克塽三世的編年體史書,勾勒從明崇禎十七年(一六四四)福王朱由崧在南京即位起,到永曆三十七年(清康熙廿二年)鄭克塽降清爲止的鄭成功祖孫三代三十七年興衰史。作者曾爲鄭氏舊部,就其所聞,撰成是書。《序》稱"海外稱王,別開疆土,傳及三世,歷年三十有七,此古來史册所未有之事,而不可使泯滅無傳者也"。晚年又感於"其間事有缺漏,而歲月或失於後先,尚當補訂",使"紀之以年月日者,使事有次第,可以按而考之也",有很高的史料價值。此書一向爲研究鄭成功及南明史者所重視,朱希祖稱與夏琳的《閩海紀要》爲"臺灣鄭氏史之最簡要而明塙者"。

《海上見聞録》在清代未見刊刻,以抄本形式流傳。目前存世的抄本及經整理排印的有:

一、金山錢氏抄本。爲金山錢鱸薌先生熙泰所藏。清宣統三年(一九一一)商務印書館據以排印出版,收入《痛史》第十四種(以下稱"叢刊本")。一九九五年,《臺灣文獻叢刊》據此本排印,並據彭孫貽、李延昰撰《靖海志》校補。

二、同安抄本。一九六〇年同安縣發現一部手抄本,共二卷,分裝兩册。

每半頁十行，行二十六七字。前有作者《序》一篇。原抄本藏於廈門市鄭成功紀念館。一九八二年由廈門鄭成功紀念館校，福建人民出版社排印出版（簡稱"同安本排印本"）。

三、福建省圖書館館藏手抄本（簡稱"省館本"），後附史得威之《維揚殉節紀略》，影印收入《臺灣文獻匯刊》第一輯第四冊。

四、國家圖書館館藏清抄本（简称"國圖本"），影印收入《續修四庫全書》，列爲"史部雜史類"。

同安本前有《序》，爲他本所無。國圖本有小字增補筆墨，部分亦爲他本所無，如順治元年"鳳陽總督馬士英入專國政"句下小字增補："有'中書隨地有，都督滿街走。監紀多于羊，職方賤如狗。蔭起千年塵，拔貢一呈首。掃盡江南錢，填塞馬家口'之謠。"蓋增補自《明季南略》；省館本在全文後附史得威之《維揚殉節紀略》，爲他本所無。

今以國圖本爲底本，參校同安本排印本、省館本、叢刊本，以及《靖海志》（《臺灣文獻叢刊》第三十五冊）。一般異體字和明顯訛誤徑改不出校記。爲保存底本原貌，方便讀者閱讀，底本與他本異文可兩存者出校。底本無前《序》，據同安本補入。

編　者
二〇二一年十二月

師中小劄

序

嘗讀丹書，而知韜略之原精意，畢本乎此，蓋敬勝、義勝，千古行師之心法也。

惟宮保萬公以智明勇毅之才，荷聖天子特達眷顧，大定于湖湘，成勛于海甸。乃稽其奇猷異策，忠而靡二，誠而克一，于師尚父敬勝、義勝之言，隱相表裏者。當其夜却逆謀，陰敕控禦，而搗巢破銳廣元、保寧之間，厥勛爛矣。嗣則龍山奪圍，平衛綏乂。據險于星岳，屯守于湖背。冒雨取寨岸之椿，衝艫出洪波之壘。遂使逆將解體，巨魁援絕，光復故土，返斾凱師。上答主恩，下清楚壁。振不世之勛，垂麻彤史，詎不偉然名臣歟！

迨十六年，閩方甫定，而海澄一師，驚魚駭獸，重煩廟謨。惟公力主乘風，暨撫軍吳公同心協濟，電擊霜飛，雲蒸雨變，卒以定海。告天數語，上慰帝心。揭定鯨波，用拯三十年之湯火。所謂"多算制敵，攻其所不守，不戰而屈人之兵也"。

說者謂，公大智大勇，遠邁古賢。而予獨服公臨事敬，濟師以義，豐采足畏愛，而舉動合人心也。蓋群寇披猖，能伸義節，以奪其魄；強敵狡獪，能豫行間，以發其機；逆穴蟠固，能弘招徠，以隳其黨。而小心敬慎，慮事周詳，廉靜寡私，以和眾克。雖《八門》、《六花》、《司馬》諸陣法，無所技倖，一意惟敬義自持。甚且勛集而不欲居，業成而不自有。戒盈之道，萬全之術，尤迴出人意外者。

今臺灣納土，四海會同，聖德誕敷，罔不率俾，而回思當日平島安集，秋毫無犯之風，早奏干羽于兩階之上矣。公之勛業，其可量哉！抑公當奏對殿上時，文武忠孝之學，早以抒之君父。而聖天子知人善任，得公與施公分猷底乂，其悉諸神明睿鑒中，尤超漢唐萬萬也。

善哉！師尚父之言曰："持之約，行之久，可以萬世者，其惟丹書乎！"

夫古豪傑之士，敬以直，而義以方。出爲方、召，入佐論思，皆用此道也。公其從斯，優優爲之。麟閣雲臺，金券玉册，永世勿艾，詎多讓哉！遂拜手而書，恭爲聖主得賢臣祝云。

賜進士出身、試授内閣中書舍人、年姻家弟黄志焕頓首拜撰。

目　　録

師中小劄

與撫院吳書正月初二日行。

日麗風和，物象俱春。而海國波揚，尚待澄清。弟舟次定海，實擬取齊船隻，就此除夕，乘其不意，進攻海澄，便可了當。乃林、楊二鎮尚留于內，各船未齊，用是不果。

今入春，風候不常，宜速不宜遲，的擬此燈節行矣。但餉糧必備足兩月，火藥必備足用，船隻必速竣齊集。弟另已咨請外，千祈老誼臺鑒照。時不可緩，極力催督，如請應副，俾得乘時進發，上慰聖心，下酬同志，實所厚望也。

面誨要言，翹企以待。

覆撫院吳小劄正月二十四日申時行。

討賊機宜，誠如臺諭。弟所未即揚帆直搗者，以專俟老誼臺抵同信息耳。

茲擬即前征，而風汛靜息，潮候未合。要之，此番大舉，斷無久待。老誼臺惟聽暴風發後，即弟師行日子。

百凡事機，統在炳照。未一。

與吳兵介刑部公稟啟正月二十四日行。

青陽布澤，物象咸亨。撫景停雲，皆老憲臺經綸燮理所丕化也。職進蕩妖氛，心烈如熾。百凡疏節，統冀汪涵。

茲稟啟者，日欽奉上諭，雖戒諸臣以慎重征進，實寓妥商確行之至意。乃有議者，似欲遲疑，以待荷蘭船到。遷延苟安，而時機可否？國事民生，若非心切，職抗論于特立之表，奔命于危浪之中，雖履危決勝，不憚力肩其任，而逢迎術拙，

127

所賴老憲臺爲國持論，爲職推誠，俾得和衷共濟，迅掃數十年之逋寇，拯救數百萬之生靈者，真二天在望也。

茲職的此日內，審風利，即進此海壇。海壇一破，則海澄兩島可不費餘力而掃蕩矣。幸撫院親臨定海，誓同戮力，訂統陸兵前赴同安聲援，並力大舉。

區區鄙誠，不得不豫鳴于左右也。

臨風遙稟，曷任瞻依。

覆撫院吳書正月二十六日申時行。

來教備悉矣。但此番重擔，非老誼臺與弟，誠莫能擔。縱能力擔，亦未必慷慨直任。言念及此，不勝爲國事民生發一長嘆也。

至師行機宜，要惟問天時、地利、人和，孰得孰失。今在我三事既得，便是勝算。若因人遲疑，更待何時了當？要之，弟惟遵前議，乘風而行。

成事在天，斷無疑慮。老誼臺惟暫駐福清，或移旌興化聲援，聿觀厥成，竚候會師前進。至賊艘衆寡，早已審量矣。諸鎮協蒙諭，即趨商決策無異。肅覆。

與欽差督修達諱哈塔沙諱爾圖書正月二十七日行，二月初二覆劄到。

臘初別後，日爲整頓舟師，勵將練兵，刻無寧晷。即送舊迎新年節，都不暇記。百凡疏闊，總緣討寇心烈。想愛國如老台臺必能情諒也。

但弟經制新設，一切操賞經費，點金無術，幸藉敝鄉親友展措相資，聊應支吾。

今各將士操演已熟，鼓勵既就，的于日內乘風征進。自茲報國，皆拜臺庇也。榮旌復命，綸綍寵膺，翹企預賀。愧弟歷涉波濤，末由躬餞一芹將意，薄奉脂車，惟祈莞存，曷勝瞻注。

招海上朱天貴書十八年十二月廿九日交朱炳坤。

臘末得接好音，雅相投慕。乃知老親臺見機而作，智識超群，雖古明哲，不是過也。

題請總兵實任,弟自能力兼之,惟祈老親臺早圖所處耳。師行之際,或裏應外合,或擒逆計取,乘勝長驅,貴眷自可安全。一時去就,千載勛名,不于此基之哉?奉上牌劄一道,聊以爲信。臺銜原劄,祈先付來,以便繳題。蓋大丈夫心口相商,天日可表。臨機觀變,確有定見,斷不可游移錯過也。

楮短情長,悉在來人口中,惟祈炳照迅發。顒切,顒切。

與撫院吳書二月十一日達。

接貴蓮幕面談,備詳歟曲。及讀手教,出摯情而授方略,敢不書紳以副重寄?然老誼臺師行露處,勞苦適均,尤冀珍攝,以相慰望。

入告捷稿,弟于初七日午時,同會師咨文,立送麾下。何塘遞遲誤,致未及臺覽耶?兹將疏稿再抄奉呈。

弟惟俟風順,星刻進師平海矣。至海壇難民,弟嚴禁擄掠,立令剃髮入界,亦經行文該縣及防汛官,放入安插。併祈老誼臺敕諭,加意撫綏,以收將來民心可也。

圖晤伊邇,肅此佈覆。

覆 撫 院 札

十三晚,賊有生理船六隻,從許嶼門入港。適值我運糧船二十餘隻,自白犬尾追至睨尾,開洋走去,此瞭探所以賊船北來之報也。

弟料賊勢已摧,必不敢分艅北向。縱或北來,其勢益薄。我以厚□薄,又何慮焉?

承約候風順,如期即進矣。集師安炮,使賊不得登岸取水。絕其急需,必自驚潰,此又在老誼臺審機迅發矣。肅覆。

與撫院吳書二月二十二日行。

承諭:擬在崇武會師,乃賊艍猖熾,不得不進師追擊,直至寅夜收泊。尚來暗犯,復披星月,襲剪追至岱隊駐師,而賊遂飄洋南遁矣。

次日,自午至西鏖戰,擊殺全勝。賊已喪膽狂奔,皆藉臺援之力也。但搗巢機宜,謹遵大命。進泊臭塗,竚候面商進發。望望。未一。

覆撫院吳二月廿七日發。

我舟刻候風利欲進,緣連日風狂,昨稍順,方開至港口,又轉南風,因復中止。今日現在戥戥①行矣。晚擬圍頭一宿,次早即可長驅進剿也。

與朱天貴招書三月十四日發,十五日行。

三月十五日,讀老親臺所送諸令叔手書,苦衷欵曲,可質天人。披肝瀝膽之誠,洵足肺腑相照矣。但時者事之機,遲者事之賊。乘時決機,又冀高明迅斷耳。

題擢之任,弟竊能肩,必不輕諾以相負也。至尊劄末云:"欲順道取糧,以爲將來資費。"第思老親臺此番率衆收黨,惠然肯來,功加海宇,獲福無疆,安藉此俗情,以重苦我梓桑赤子耶?

與吳介二部書三月十五日行。

職才識迂疏,議多□違悆之私,要惟以報國救民爲務。邇者進征之舉,蒙老憲臺俯鑒愚衷,主持許可,俾稍驗前言,獲清海宇,皆憲仁所不被也。過荷瓊譽,榮逾華袞,愧曷以當?

茲稟瀆者,僞總督朱天貴連結銅山、南澳,現有二十餘鎮,小船約有三百餘隻。職預差的員,諭以利害。隨遣其心腹僞員賫書,密披衷誠,欲稍候數日,盡收餘黨,前來歸順。

職現在修葺戰傷船隻,鼓勵將士,刻候風利,立期進殲,剿撫互用。所謂"先聲後實"者,此也。但逋寇不患不除,窮民轉宜急念。

夫閩地狹瘠,非山則海。小民生計,半藉漁鹽。自遷界之餘,蕞爾內地,既無廣土可耕，加以征師十餘萬，徭役重繁，投誠數千衆，張頤雜處。頃歲三時不登，饑饉薦至，米貴如珠，民不堪命。若稍緩罔恤，勢必奸險滋生。此又目前隱憂，不可不早爲之所也。

閩海寇平之後，經略奠安，水重于陸。必裁減陸兵，而後餉無虛糜；必重設海防，而後邦可久安；必盡復邊界，而後民有恒産；必開禁採捕，而後民有生息。若依此而行，不出三年，職斷可保以長治。若守經膠執，癥瘕日形之患，將有不可測矣。

然是數者，必咨會督、撫、將軍，啓奏王爺，合詞題請。職自分微力，竊恐有志莫逮。安邊救民之柄，又不得不仰望憲鑒婉曲内達，以期俞允也。

職自爲國討賊，今爲民請命，不禁贅詞，冒干憲惻，統冀垂察，曷任瞻企。

覆撫院吳書

弟之諜往銅山者回言：朱天貴鳩集販夥，尚有二十餘鎮；大小逆艐，尚有二百餘隻。而江欽逋據南澳，亦不下百餘艘。是元兇雖遁，餘氛猶熾，宜以全力制之，乃可決勝。至澎湖逆孽正在鼠竄之時，必無豕突之患。時際南薰，我師既出銅山，據其上風，彼處下風，斷難入寇。此弟細審逆情，竊能懸決者，但防備不虞，機亦當豫耳。

兹弟現就鷺江燂洗船隻，審候風利，擬以援剿二鎮及同安、興化諸兵留守厦門，而親統全師，直抵銅山，相機剿撫，期必盡掃根株，以報國恩，且仰慰老誼臺懸念也。

諸鎮同此稟覆，伏惟炳鑒。不宣。

與督院姚書

□日朱天貴遣其心腹家人賫書來營，道欲率艐内附。弟亦隨遣敝標的員，前往接引，想一二日當有信息也。

昨擬欲親往漳郡，躬承德音。纔欲開帆，適以雨阻。兹承臺訂，則現在整搠舟師，相機南討矣。剿撫攸宜，自有其道。天貴若來，老公祖或移玉圭澄，共圖安插可也。

時下投誠官兵，聞糧蔬未給，多有觖望者，設有異志，又生一患。則或散遣歸農，或分標入伍，汰老弱之官兵，以收歸命之勁旅，不可不早爲之所也。

至若投誠船隻現泊何港，尤祈老公祖嚴敕防官弁將，櫓舵概爲掣起，以杜未患。望望！

覆 朱 天 貴 書

丈夫相與，一言千古，斷無肝膈不相照，而可以共建隆業者。

弟自去歲臘月得接好音，即以現任總兵密相期許。竊量弟力實堪無負，故特仗諸令叔炳坤專致左右，寧敢孟浪一諾，致生猶豫乎？茲老親臺欲統率全艅直來相附，息彼此之兵戈，救斯民于水火，功益加隆，秩宜益晉，朝廷爵賞，斷可力決。故弟二十五日備讀臺教，二十六日即抵漳，與姚制臺商酌，飛疏先請。特仗諸令叔某悉披衷曲，並將制臺專函奉覽。思勛業之有期，念時機之難再。伏祈迅發臺旆，毋再遲緩。顒望。

與總督姚書四月初一日行。

丹霞促膝，咸益弘長。握別登舟，乘夜戢到廈門。念九早，即修書遣總兵朱雲從同敝員黃壽賫老公臺瑤函，前往彼地，想數日內，即有的息也。

但渠此番進退維谷，實有紙書可致者。在我固當極謙，先以成其事，尤當分正僞，以存其體。故不揣愚昧，將老公臺銜封，權爲收存。而以內封，令敝員賫往。

未知狂臆之私，有當高明否？專此肅稟，並將銜封奉上。伏祈鑒諒，曷勝瞻依。

與楊將軍書

日者圭澄促膝，備聆鴻誨。每欲時晤左右，圖所未盡。及捧讀疏稿，乃知老公臺已于三月念四日赴泉抵署矣。

敝泉當兵燹之餘,兆庶顛連,凋瘵已深。加以米珠薪桂,資生無路,正仁人君子所同加憫念者。以老公臺主持其上,俾水火殘黎得有生活,其功德寧有量哉?想拯溺扶危,興利除害,爲今日救民急着者,老公臺自有妙用。而弟則桑梓念深,不覺殷殷懸望也。

朱天貴已遣使就撫,弟亦于二十九日專員接引。想遠托大庇,數日當有的息也。

時因鴻便,肅候崇禧。伏祈鑒諒,曷勝瞻依。

覆撫院吳書四月初九日行。

初六日捧讀臺札,仰見老誼臺未雨綢繆,思深慮遠。弟日到漳,與制臺商酌機宜,亦以此項投誠鰓鰓爲計。

竊謂閩省兵額不下十萬,其中間老弱及願求爲民者,諒亦不下一萬。若汰此一萬之數,撥現在投誠,以凑其額,則願爲民者,既遂其願;而投誠者,獲補現糧。法所謂"車雜而乘之,卒善而撫之",處降卒之道,似無過此者。乃制臺備聞弟言,滿慰厥心,竟以時有所阻,不及舉行,則又弟所不能力懇者。但投誠雖衆,實無幾千。弟大艑在此,足寒其膽,亦無煩臺慮也。

近又聞,制臺將所有投誠分撥各縣安插,恐原兵原將悉屬原轄,倘懷觖望,不無生事,則思患預防,猶煩設處耳。

數日風利,南撫之舟,想當即到,俟有的耗,自當馳聞。所撥糧米,已遣船前往裝載矣。

專此肅覆,不盡翹瞻。

與姚總督書

晚自舟抵鷺江,即趨赴圭澄,與諸位公臺會商善後之策。所有論列,公同確議。蒙採芻言,多賜俞允。至以相見恨晚,謬相獎譽。老公臺休休有容之量,不令人感激弗勝哉！

乃捧讀入告，□□□□議，機宜何以異同？在老祖臺碩畫周□□□□見晚。雖武人見淺，至于勝兵先勝而後求戰之計，籌之已熟。昨日咨議，不無齟齬。但欷欷丹誠，無非從軍國起見，則察其愚，宥其罪，惟冀垂仁採納耳。

特肅鄙私，冒干□□聽，伏祈炳照，曷任翹瞻。

覆朱天貴書

昨諸令叔到，備陳欵曲，益信老親臺周詳審處，始進爲不苟也。弟之丹誠，想所共鑒。特遵臺教，權爲委牌。其以銅山一汛相煩者，蓋鎮防所係，早已繕疏具題，而老親臺一鎮，弟亦僭爲派定也。昨制臺書商，弟亦以此覆之。

專此披誠，惟希鑒茹。江天在望，不盡願言。

寄候穆將軍書

某以謭劣，謬叨生成。質非桃李，既負愧于狄門；材謝參苓，寧□□于藥籠。待罪荊岳，夙夜枕戈，幸展微勛，庶幾無咎。乃以閩氛狂逞，寵召師征。馳驅于波浪之中，顛危弗避；鏖戰于鯨鯢之窟，朝夕摩逞。蓋以老師臺恩遇既深，指麾莫報。惟有殫竭駑鈍，撲殄逆氛，庶幾少酬國恩之萬一者，可報知己于旦明耳。

茲承廈庇，幸掃妖氣。念栽培之鴻恩，情緣地隔；肅羽鱗以恭候，心切葵傾。戔戔束帛，聊貢鄙忱；縷縷虔誠，莫伸筆楮。伏冀尊慈俯垂鑒諒，臨稟曷任翹瞻依戀之至。

送吳介贐書

職以謭劣，謬專閫寄，深藉帡幪之庇，獲奏薄末之勛，誠二天在望，而寸忱莫酬者也。乃復疊荷瓊貺，益切厚顏。思惟殫力疆場，少蘇蒼赤，求有以報國恩于萬一者，庶可告無罪于憲臺耳。

茲聞憲臺近欲回旌北闕，職係師中，末由躬候，謹將芹獻，微表葵傾。至于閩省當凋瘵之餘,既遭荒饉,又苦徵徭,尤祈老憲臺繪圖入告,俾四野哀鴻獲就安宅,則高厚頂戴,不獨職一人也。

謹此肅稟,伏祈慈照。臨稟曷任依戀期望之至。

迎接巡海刑部侍郎宜

恭維老公臺天朝重望,熙世名卿。允調玉燭于臺垣,蕩平共奏;先綰金章于廷尉,弼教獨寬。每承寵眷,丕著句宣。職在湖湘,方喜親承謦咳;光臨常德,轉悵莫遂瞻依。虔肅荒械,希達記室。實下情之懸切,諒慈鑒之昭垂。

乃自臺旌入依帝座,職蒙寵召師征。整舟楫以前驅,枕戈弗懈;念鯨鯢之未掃,待旦靡遑。鏖戰風濤,雖顛危而彌奮;遙思德範,欲修候以末由。幸藉廊廟之威靈,獲奏微勛于海甸。

方欲馳函左右,虔致鄙私;乃閱邸報內差,喜溢望外。蓋天子明見萬里,故遣碩輔以南巡;大臣念切兆民,用抒下情以入告。□□□海之殘黎,所由永奠,不獨微職之渴□,所藉少舒者也。

適緣軍繫,莫遂趨迎。謹遴介以賫緘,遠接三臺于下里。

伏祈慈照,俯賜丙原,臨啓曷任翹瞻之至。

與 吳 撫 院 書

十六日,敝標員同總兵朱雲從,自南澳持天貴書到。意欲預討一安頓地方,以慰諸鎮營之心,仍遣僞副將一員,到制臺處投書,所討汛地,意欲相符。

制臺馳劄相商,弟以銅山一汛,實爲下游要害,此子頗稱伶俐,實堪委任。且弟《安邊疏》內以南澳一鎮,須并設銅山,則彼此棋置,亦足相維。故書覆制臺,以此汛相界,而弟亦權委一牌付敝員賫去,速彼前來,想風利即到也。

伏思受降如受敵,故于十八日,豫撥諸鎮分駐浯嶼、大擔、金門等處,據其要地,以爲聲勢。蓋豫備不虞,兵家要旨,此弟之所深爲綢繆者也,惟老誼臺教之。

與喇將軍書

閩省當兵燹之際,所有殘黎既苦徭役,又遭荒饉,嗷嗷待斃,有心共惻。幸藉國家威靈,鯨鯢斂迹,使徯蘇之民,微冀息肩。此如羸病既深,幸獲痊可,保安調養,猶恐不周,若更加剝削,其不就斃者,能幾何哉?

乃當事者不究所終,或欲攻臺灣,或欲取澎湖。心非不壯,事則殆矣。故職竊謂,今日之事,衹可養兵息民,盡吾招徠之道。澎湖諸島,究當內附。若窮兵勤遠,則黷武之變,有不堪言者。謹將覆議八欵咨稿呈覽,雖芻蕘之言,未必有當,而戰守攸宜,亦足以知管見之所存。

伏惟鑒察,曷任瞻依。

與總督羽書

朱天貴久欲投誠,而延緩至今,不解何故。刻聞鄭錦遣人賫□□與之。倘陽順陰逆,乘南風北遁,養成□□,又多一番費手矣。晚意撫若不就,剿之□亟,斷不可令遲留觀望,馴致流毒也。

謹此上請,惟祈老公臺迅賜裁教。望望。

【校記】

① "戧戧":原抄作"戙戙",誤,依文意徑改,下同。

師中紀績

序

當國家多事之日,蜩螗沸羹,群懷反側,而能立大節,建殊勛,驅馳于虩虩坎窞之中,不爲威迫,不爲利誘,批亢搗虛,使逆徒掃蕩,疆宇復完,此其勒天壤,垂竹帛,誠無前偉績哉!

康熙十三年,滇、黔背叛,橫溢于楚、陝之間,四方郡縣望風瓦解時,我宮保萬公,以興安游擊率所部破嚴關,復劇邑。適解重圍,旋遭兵變,殺鎮將,肆咆哮,聚衆于庭,請公爲主使。

公少有屈撓,則生死心懸,身家念繫,幾何不俯循衆請,少冀安全,乃春容剖析,慷慨披陳,哭屍盡慟,祭奠盡禮,而悍夫逆卒,拱手惟命。嗟乎!"疾風勁草,板蕩忠臣",公之謂矣。卒之間關出險,流漸驟漲,舟行遄駛,寇莫能害。豈非公之臨大節而不可奪者,忠貞勁概,實足默邀天祐哉!

自是而對揚王廷,仗節前征。湖南一捷,而長沙、常德相繼恢復,逆踞州郡以次削平。若是者何也?逆寇精銳盡在岳陽,破竹之勢,有所必至也。乃湘湖甫定,隨念閩疆。受事數月,遂平逆島,使二十餘年遷棄殘黎,載歌澤雁。然後嚴斥堠,謹邊防,勤求懿德,務圖來遠。又法紀森然,親疏共凜,寧僅與持節還鄉,榮誇晝錦已哉!

得一鉛槧書生,謬充幕府,得以昕夕事公,悉公謦咳,知公氣節凌天地,勛烈貫古今,其立德立功,誠足以昭史册而垂不朽者,因節紀其事,以俟夫評騭之君子。

康熙二十年辛酉,沐恩螺陽王得一拜撰。

目　録

師中紀績

夜卻逆謀

公，諱正色，號中庵，泉之晉江人也。

康熙十二年，吳三桂反，人心洶懼。檄兵會討，每多離叛。時公以興安左營調守寧羌州，路運餉銀十餘萬至海陰縣界下營，夜半營中呼噪。公曰："是利吾餉銀，欲因亂攘取耳。靜以鎮之，必止。"密敕左右，控弦以待，噪者果息。

抵州，修雉堞，嚴守備，賊不敢犯。

建　議

時吳寇據扼朝天關。公持手摺，密告總鎮王懷忠曰："善戰者，不盡兵以攻堅城。今賊兵盡扼朝天，餘亦分屯各處。若分兵由漁渡、陰平等地三路並進，直搗逆巢，彼腹心震動，必自潰壞，朝天之寇，可以不攻自走。而辰、沅諸逆，亦心寒氣慄，易為掃蕩矣。"時不能用。

計破朝天關

吳寇據險劄營，滿、漢兵雲集，仰攻久不能得。公密言于將軍、貝勒曰："嚴關峻險，勢難猝攻，兵法逸而勞之。若多設炮火，以夜震之，更番疊喊，彼守險之兵必不敢睡，如此數次，必自疲倦，乃可破也。"從之。

賊中數撓，五月初八日，公度其勞困，因請諸軍揚兵搦戰。而自率精銳，乘夜潛出關後，攀緣而上，殺守險者數十人。縱火呼噪，賊大驚亂，墜崖死者無數，遂奪朝天關。

計 賺 廣 元 縣

朝天既破，賊寇奔竄。公言于將軍穆曰：“兵貴神速，若乘勝長驅，出其不意，所過郡縣必自披靡。彼前鋒既潰，人心風鶴，所謂‘迅雷不及掩耳’，元兇可不日授首矣。”遂追至廣元，離城二十里下營。

公遣驍騎三十人前往哨伏，賊探馬十餘，□□遇伏，擒解軍前。公收置營中，而密□□□衣賊衣甲，策賊馬，薄晚直叩城門，大呼：“寇至，速納我！”賊以爲然，遂開門延入。公扼殺守兵，據城門，大隊涌進，遂復廣元縣。

策 破 保 寧 府

廣元之復也，滿、漢諸兵多肆抄掠。公抗言于衆曰：“寇雖少衄，勢猶未挫，須乘致捷之鋒，直逼保寧。保寧危急，必自宵遁。若逗留不進，使彼得豫爲計，□□□□□□兵更鳩精銳，固守保寧。吾入□□□□□□，進無所掠，退無所資，誠恐□□□□，不可不早爲計也。況古人有言，‘王師□□□□□□□□’。今恢復伊始，而恣肆淫□□□□□皆自行固守，誰肯聞聲思附乎？”衆以爲是，遂屯廣元。

七日，始引軍至槐樹驛。邏得諜□，言保寧已棄，□豫走。聞王師不至，逆將王屏藩復益兵據守，衆始悔不用公言。

時公嚴飭麾下，一無所犯。將軍穆以所獲二女與公，容貌甚都。公思欲遣還，又恐被擄，乃受，置別幕，令廝童善視之。力諫黑將軍，申嚴禁令，各釋俘掠，遂訪還其家，終無所近。

總鎮王□□①，與所獲女子日相狎昵。公力諫之，且言：“大敵當前，精神有限。總爺鬚髮俱白，正宜保固身命，爲國殺賊，乃日肆淫蕩，損神費精。總爺之自爲計不可，爲國家計尤不可也。”從之，各即遣還。

蟠 龍 山 潰 圍

九月，我兵至保寧府，王屏藩已遣別將屯錦屏山。公曰：“主務持重，客利速戰。我懸軍深入，糧運不繼。賊兵內外犄角，以老我師。若不迅行攻取，悔將何及？保寧因河爲池，河分三道，各有淺處。若精選萬人，入負土囊，就淺處乘夜填塹，俟軍畢濟，隨行再填。我兵入險既深，人無反顧，肉搏攻城，或可取勝。若彼此相持，更歷日月，兵無見糧，是坐斃也。"黑將軍不聽，屯兵蟠龍山。

王屏藩分兵據險，絕我糧道三十餘日，兵各饑困，茹草食人，悉多叛去。或言于黑將軍曰："事已至此，待斃何益？不如將羸餘之卒直決重圍，再圖後舉，乃可濟也。"黑將軍怒曰："吾爲國大臣，萬不獲已，有死而已，敢言退軍者斬！"公曰："將軍以死自誓者，欲爲忠臣也。古人有言，'願爲良臣，勿爲忠臣'。今國家重兵雲集于此，糧運斷絕，掠食無所。賊日以見屯之糧，誘吾饑斃之卒。賊鋒愈熾，我兵日損，事有不可言者。是將軍以一人之身，誤國家之事。名雖爲忠，實以滋害。前言可採，願將軍圖之！"將軍嘿然，衆皆患之。

時公所向皆捷，甚爲物望所歸，滿、漢將領皆就公計議。公曰："是非口舌所能爭，要當以勢奪之耳。今日甲申、九地、酉戌，引兵北出，必有攸利。若乘夜燒營，令各呼噪，將軍聞之，內自驚駭。勸以潰圍，勢無不從。吾由北方衝擊而前，士既思歸，勇氣百倍，雖有賁、育，不可復遏，何患不克哉？"衆曰："潰圍而燒營，賊寇尾追，前後受敵若何？"公曰："不然，兵法虛虛實實。彼見吾乘夜燒營，謂吾僞遁，而伏兵以殺之，必不敢追。守險之寇出其不意，慮吾困鬥，必不敢阻。比及天明，吾已出險，復何患哉？"衆欣然曰："得公奇策，吾屬不死矣。"相與訂約而去。

抵營，各密整隊伍。夜深，公縱火，諸營應之。黑將軍疑寇至，遂將左右遁去。公與滿、漢諸軍從之，乘勢潰圍。

行二十里，至娘娘廟。賊營中炮發。公請將軍令大隊勿動，以數十卒當前，時作器甲聲。賊不知遠邇多寡，炮矢疊發。抵平明，賊氣闌。大隊涌進，賊遂披靡，乘勝直至張爺廟，賊閉營不出。少休蓐食，縱掠糧糒。行四日夜，連破數營。至柏仁驛，將軍穆適引兵至，軍聲遂振。

是役也，公率饑羸弱卒，冒險先驅，徒以忠義激發軍士，士殊死戰。公手持大刀,徒步奮呼,連晝夜無少挫。滿、漢諸軍隨之,喜得生還,無不戴公威德,嘖嘖稱公爲"黃大刀"云②。

義 折 亂 兵

康熙十三年十二月,公至興安州,時已陞平魯衛參將。

方擬赴任,而鎮標千總李茂榮等密受僞劄,遂于十四年正月十五日,鼓衆殺總鎮王□□③,蜂擁公署,大呼:"三軍無主,請老爺作主!"爲首者數十人,直入公署,跪請兵册。

公徐諭之曰:"汝曹以王總兵遇汝無恩,是也。然以遇汝無恩,肆行攻殺,爲之者,亦豈義舉乎?今吳逆雖叛,王章猶在。汝曹妄自稱亂,而以我任其事,人必謂總爺之死,吾實與謀。雖剖心自白,誰能相諒?千載而後,遺臭何辭?吾已陞任平魯,啓行在即,汝曹幸爲細思。吾若素有過舉,則聽汝曹所爲,以從王總爺之後。若于汝無過,則人各有志,願汝曹勿相強也。"衆復跪曰:"是何言也?吳王反正,江、浙、閩、粤無不響應。我等以老爺愛養軍士,威聲數著,故樂相推戴,以主軍政。況今道途阻梗,老爺縱欲遠赴平魯,必不能達。孰若權從衆議,事成則爲王爲侯,不成則徐圖所歸,未爲晚也。"公曰:"不然,丈夫委身事主,死生以之。吾在蟠龍山饑困就斃,王屏藩百端招誘,猶不能移,萬死一生,潰圍至此。今日雖鼎鑊在前,吾猶甘之,必不能苟且相從也。"

衆知公不可奪,乃曰:"今日事已至此,勢難中止,惟老爺教之。"公曰:"汝曹若能轉念,中止何難?吾以兵變之故,通詳督、撫,督、撫必迅行撫諭。吾又請各給銜劄,以慰汝心,汝輩願之乎?"時吳寇四行招引,凡有叛應者,皆以所得原銜各加一級,故聞公請給銜劄之言,咸喜曰:"老爺若此,是吾屬更生之辰也。"因各散去。

王總鎮暴屍署外,莫敢過視。公伏屍慟哭,周旋殯殮,聞者莫不流涕。

冒 險 赴 任

康熙十四年春,公以興安兵變通詳督、撫,又請給銜劄,以慰衆心。衆咸喜過望，各叩首謝。公徐諭之曰："人須曉順逆，次明恩怨。今吳寇雖橫，終歸殄滅。汝曹因勢稱亂，督、撫不明正其罪，更加銜劄，此正汝曹報恩之日也。若能同心協力，共誅逆寇，功名寧有量哉！吾欲赴任平魯，不日啟行，願諸君自愛，吾受惠多矣。"衆咸跪曰："敢不惟命！"

時盜賊蜂起，所在皆梗。又河灘水淺，船難卒通。衆不知所出，公曰："吾信心前往，濟不濟命也。陸行多阻，舟加迅，且寇亂日久，舟無人行。吾行于無人之地，設有窺伺，機不及發矣。"遂將所有行李、篋笥去鎖鑰，令廝役舁入舟中。

衆送公登舟，左右各控弦，治器械，備大具。公亦裹甲，呼勞諸衆，衆皆心懼。

公泊舟溪中，夜半有駕小舟前來者。呼問爲誰，則言："老爺泊舟在此，來相巡邏爾。"公叱："且退，否且炮擊汝舟，毋悔！"遂回，泊岸滸，但聞岸上鐵甲聲甚夥，公令戒嚴。

比天明，衆登舟作禮，公撫慰如平日。有密言："昨夜或謀不利于公者，憚公威棱，莫敢先登耳。"適水沫至，公曰："水且漲矣，速開棹！"頃刻溪流暴發，舟行如駛。至神龍灘，有謀撓公行者，豫伏于此，皆不及發。

四日至鄖陽，提督佟公大驚，喜曰："此河久無人行，君何由至此？"公備言所以，無不頌公忠勇，且得天相云。

時公陞平魯，川督哈公寄劄獎諭曰："該將練達戎務，曉暢軍機，忠誠技勇，本部院前已備知。至隨王總鎮入川，復陽平，破朝天，取廣元。攻戰功勞，本部院業于塘報中悉其概，而尚未詳。今川回各將軍、官員俱稱該將極其驍勇，敢戰敢鬥，一應勞苦功績，本部院聞之，極是喜悅。該將如此忠勇，如此功勞，雖陞任山西，而從前功苦，本部院定行題請優敘。該將益勵初心，則極大功名不難芥取。尚其勉之，以副企望。"

又公前守寧羌時，經略閣部莫公劄諭："該將駐防寧羌，本閣部差去章京從漢旋省，俱稱該將偵防、守御，極是有方，逆賊不敢侵犯，本閣部不勝色喜。自後該將益加奮勵,建立奇勛。酬功敘勞,斷不爾負,勉之!"

平魯衛政紀

十四年夏五月,公抵平魯衛。念地屬邊徼,吳寇披猖,黃河以西,悉皆震懾。保德州密邇河干,公請集兵力,修城堡,嚴保甲,爲固禦計,當事韙之。

又竭資財,廣積貯。時親行郊野,課農桑,談孝弟,黃童、白叟,傾耳以聽。向午出酒肉,召一二老農席地酣飲。自是兵民欣悅,益勤力作。有不逞者,悉相告戒。故逆鋒雖熾,境地晏然,公之力也。

赴調陞見

初,公征川時,與將軍穆瞻俱領前鋒。公身先士卒,屢挫賊鋒,穆心敬之。至是,公陞平魯,疏復原姓。穆亦統師入陝,音問弗通。

十五年,赴河南養馬,道出真定府。總兵何姓者,閩人也,郊迎讌享。穆因備詢公起居,知公遷平魯狀,陛見具陳公征川功最,上遂驛召公,公弗知也。

疾赴朝。上問勞再四,出除公副將,管岳州水師總兵官事。有小黃門語公曰:"君驟膺節鉞,喜溢望外矣。"公曰:"是又受事軍前耳,何喜?"歸旅舍,有訝公失言者,公曰:"吾思之悉矣。"

翌日朝罷,大學士索、明出左掖門趣公,公至謁畢,爲公道喜,語如黃門。公曰:"越次陞擢,皇上恩典,閣下栽培,優且渥已。但任大責重,蚊負是憂。大敵當前,制勝未決。倘有疏虞,求爲參將不可得,敢重喜總兵乎?"索□:"□□□如此,此去能保成功否?"公曰:"若遽責以成功,則職益難自決矣。用兵之道,先計彼己,而後算無遺策。故曰:'兵難隃度。'又曰:'百聞不如一見。'今逆寇之勢全在岳州,據險守要,根蒂已固。若非出奇,何由決勝?職雖承命前往,兵將未習,新募水師未能猝副,彼己之勢未能明晰,奚敢侈言功效?職于兵家利害,頗能周悉。倘至彼地,收彼此之人心,觀敵將之能否,審度機勢,批亢搗虛,所謂'知可與戰而與之戰,必勝而後能自決矣'。"二公首肯以入。

上復召公陛見賜馬,公叩首謝恩出,乃知向小黃門之言爲有自也。

保 和 殿 賜 宴

初,江南有孫清者,習《韜鈐》、《陰符》諸説,以不偶提塘京師。公赴選時,促膝與語,大奇之,遂與訂交而去。又有墾荒官張世捷,公鄉人也,習水務,俱在京師。公既總兵,題請張世捷爲右營游擊,孫清爲右營守備,上許之。

及辭朝赴楚,上賜宴保和殿,親撤饌食之,又命賜盔甲。公披掛謝恩畢,上從容語之曰:"聞汝在川時,以大刀破敵。今大刀在此,能爲朕一試否?"公曰:"劍一人敵,但幼所熟習,未嘗有忘也。"起,提刀舞蹈再三。

上大悦,又曰:"汝曉讀書否?"公曰:"家傳孔、孟,時學孫、吳,頗習章句,曉大義耳。"上曰:"汝今爲大將,專事指揮,非同裨將祇披堅執鋭,衝鋒陷陣已也。事須用人,乃克有濟。"公曰:"知人之哲,古人所難,要在反求諸身耳。古人有言:'其身正,不令而行;其身不正,雖令不從。'苟爲將者,能正其身,則士卒用命。用人之道,亦在其中矣。"

上首肯良久,又曰:"汝題請張世捷,以捷慣水。孫清徽人,未習水戰,汝保題何故?"公曰:"材有長短,制用由人。孫清知兵,又曉陰陽、奇門諸書,固足用也。"遂具道用兵以來選用奇門在所。上大悦。

公因請移眷太原,上曰:"汝在興安時,尚能携眷④赴邊。兹在岳州,獨不能移眷至楚乎?"時在外鎮臣,頗多反叛。公因請安眷內地,以示衷誠,而出險貞忠,已荷睿鑒,故上諭及之。公曰:"臣家貧,斧資莫措,當暫安太原,徐圖完聚耳。"上顧侍臣明珠⑤曰:"出帑金二千兩賜之。"公又言:"逆將多係閩人,嫌□之際,易生諜間,願皇上察之。"上曰⑥:"汝但努力前往,吾心識之。"

公叩首謝恩出,時康熙十六年二月□日也。

回 平 魯 赴 任

公初至平魯衞,告神自矢曰:"水火資平魯,此外無他營。"至是離任,亦焚香告神曰："前言應不爽,神聽自和平。"遂將所積貯粢糧散給貧民。

就道之日,遠近焚香奔送,三十餘里不絕。有號泣仆道者,公慰還之歸,兵民各立碑紀德云。

招致墾荒兵將

時福建投誠員弁移駐山東、西等處。公念吳逆方熾,四方鼎沸,墾荒兵將率懷觀望,若招致軍前,不惟收爪牙之用,亦且以消兇悖之心,遂將所賜帑金,沿途招募。

五月至岳州,度形勢,治舟楫。請貝勒王剳營七里山,與岳陽相對,爲困守計。

黑夜砍椿

初,賊將杜輝、江義等泊舟城外,置椿湖口,密如編柵。又置寨岸上,設兵固守。官兵百計取之不能得,貝勒王及提督桑深以爲憂。

公登高四望曰："吾知所以取之矣。"遂啓請貝勒王自領砍椿,並言兵機秘密,惟勿限時日,致有漏泄耳,王許之。

十七年三月十五日,薄暮微雨。夜二鼓,黑雲四布,面不相見。公密遣將領廖春等,率兵百餘人,襲殺岸上諸寇。而自駕小舟,與魏宗瑄等人持利斧,由邊岸進發。少選,抵椿所,亂斧齊下,賊所恃以爲固者,頃刻皆盡。而岸上兵亦縱火呼噪,賊大驚亂,自相殘殺。公整衆歸營,賊猶弗覺,終夜炮火駢發。

平明啓報貝勒王,王大悅。轉奏諸朝,議加領都督。自是,滿、漢諸軍益服公神勇云。

湖中鏖戰

時我兵處敵下流。五月,議欲進湖,而苦無風。公言于衆曰："無慮,十八日當有風。"衆初莫信。

十二日，公率標兵，以二十餘船先進駝河夾開路。賊將杜輝以公孤軍先進，擁衆迎敵。公部分數艘直薄逆舫，衷擊之，舟中大小炮、噴筒、火箭一時并發。賊不能堪，沉壞死者不可勝計，杜輝僅以身免。

十八日，北風陡發，我乘勢涌進，入據湖內。總督蔡曰："風未至而先知，君真神人矣。"

六月初三日，又大戰，殺其副將劉大成、李世隆等，進泊舟高腳廟。晝夜五戰，咸挫賊鋒。

八月初三日，又帶領沙船，截賊糧艘。進劄蕭埠鎮，鑿沉舊壞烏船，延纜江中，泊舟東西岸，堵住賊船，賊始困乏。

十月二十□日，賊出犯蘆蓆口。公思此地一失，彼通糧道，我絕運路，又率領兵船，身親搏戰。賊舟來迫，公飛身過船，將士隨之。擊殺賊將張炳、趙有庫等，焚毀賊艘，賊遂敗遁。

自進湖以來，大小十七戰，以精曉陰陽，用兵多避忌，故炮矢雨注，兵無小創。又因水退，泊舟扁山。慮賊夜襲，以意造滾江龍，竪泊湖中，以橫木扎之，置杪于外。又于岸上棋築炮台，以相維護。自是水泄不通，[賊]糧匱援絕。

間 殺 逆 將

時逆魁吳應期攖城固守，公思用間諜，以攜其心。因遣表弟魏士曾賫貝勒王諭劄，往招應期。又自發蠟書與杜輝、江義，並其將陳華、陳珀等。

既而淒然止之，士曾曰："'不入虎穴，安得虎子？'今逆賊勢蹙，以王命往招，必无所害。設有不測，則私書漏泄，杜、江諸逆勢必不能獨生。賊腹心既潰，岳陽之破，指日可決。士曾何惜以一人之身，爲吾兄效報朝廷乎？"

公壯之，遂駕小舟直抵岳城，入見吳應期。既致王劄，遂力言就撫之便。應期心銜之，遣就外館。既復召之，命搜索，得杜、江等蠟書，遂殺之，而閉其事。夜[召]杜三等十二員入計事，即筵中擒殺之，杜輝弗覺也，翌早入，又縛殺之。陳華、陳珀等，遂相繼投誠。

議截吳應期歸路

賊勢既絀,降者多言吳應期欲奔據武昌。公密啓貝勒王,言:"武昌逆風,難以奔竄。賊非由鹿角出湘陰走長沙,必順流直下,由荊河口登岸。若嚴飭陸路諸師,遏其長沙歸路,又豫調蘆蓆口諸軍,先伏觀音堂堤外,俟彼前船登岸,後軍未集,伏兵擊其前,船兵襲其後,首尾莫措,應期即日授首矣。分兵二路,必有一得。"王以爲然。

十八年春正月,應期果棄城,由鹿角潰圍,直走長沙。輔國公等以窮寇莫追,尾擊之,岳州遂平。

先是,吳應期據岳州,我師圍困三年不克。有廝養卒誤斫武昌關帝廟樹,忽昏撲迷,言曰:"此我拴馬樹,敢肆砍伐,何也?"或啓將軍王,王親往拜之,因問克復岳州日期。卒應聲曰:"欲得岳州平,須待江南一萬兵。"衆莫解。及聞公至,王喜曰:"總兵姓萬,平岳州者,必此人也。"至是果驗。

初,滿、漢兵集岳陽,連營二十餘里,公自領前鋒,營扁山,與賊對壘。

上命圖諸營次以進,見公營寨,喜曰:"萬正色真真爲我!"又命禮部侍郎宜往撫諸軍,特抵公營,致上意,因與公私計平岳之策。公曰:"逆賊精銳盡屯岳陽,所有餽運,俱取資于澧州、常德,而羸卒攖城,易爲攻取。若以舟師堅扼岳陽,分遣精兵數千襲取諸郡,事出不意,勢可席捲。彼藩籬既壞,餽運斷絶,人心離叛,不亡何待?"時不能用。

十七年冬十月,湖水退。將軍、貝勒及水師提督鄂等,以水淺難泊,議退師湖口。公又力言于衆曰:"今泊舟湖內,已扼賊要。寇賊糧絶,非降則走。若復退師湖口,使彼得恣意往來,積穀城中,不惟岳陽之恢復無期,賊寇滋蔓,禍實難言。今湖流雖淺,港中猶可泊舟,岸上諸兵勢可相援。賊力窮計絀,勢無復之。乘亂取之,破滅必矣。"衆是公言,遂不退師。

公抵岳,應募者接踵。公安撫備至,衆皆感悦。有卒十餘人,薄晚抵營。公慰勞畢,出酒肉,令就宿次。夜半驟雨,遣親侄等往問安否。卒欣然曰:"老爺如此關情，我等捐靡難報矣！"軍中盟締，公又出猪酒佐之。自是將卒競奮，卒致成功。

岳州既平，公購表弟魏士曾屍首，親臨葬所哭祭。特疏請恤，奉旨准蔭一子，以衛千總用。又軫念陣亡諸士，親爲文以奠。已而放聲大哭，闔營皆慟，聲徹十餘里。滿洲大人聞之，無不泫然淚下。

公在湖，每戰皆捷，將軍王及督、提諸人敬愛備至。適貝勒薨，新王代任，聞公名，思召見公。以公地當賊衝，跬步難離，遂親至近營。公晉謁，問籍貫外無一言。久之，乃曰："賊將杜輝，何如人也？"公曰："杜輝海上渠魁，歸命本朝，反覆再三，仍荷恩賜。茲復背恩，附逆旅，拒王命。雖有黔驢之技，終歸殄滅。"王曰："須觀其狀貌，福氣何如耳。"公曰："料將者，須先察忠誠，後觀智勇。若但論其狀貌，所謂'以貌取人，失之子羽'，殆不可也。"王爽然大悟，遂與縱談而去。

提督水師入閩

初，耿精忠既叛，臺灣鄭經舟入泉州港，分據泉、漳、汀、邵、惠、潮等郡。十六年丁巳，王師入閩，遁踞廈門。戊午九月，復攻没海澄，提督段應舉死之。遂乘勝攻圍泉州，各屬邑望風瓦解。八月，巡撫吳公統師救援，遂解圍，遁據漳州觀音山，與我師對壘。歷二年，勢復猖獗，環郡城外夜劫頻聞，民悉輸米賊屯，以免剽掠。

公既平岳州，私念桑梓寇害，遂上疏密陳閩海情形。上悅，優加太子少保，調補提督福建水師軍務，督促視師，迅剿閩海。適總督福建姚公疏請，公由江、浙帶鳥船二百隻，抵閩會剿。公題請：就福建船兵相機前進。部議報可，遂將三營兵將星夜啓行，以康熙十八年八月二十七抵洪山橋。

巡撫吳公郊迎，相見甚歡，退謂幕客曰："新提臺坦易真誠，絕無崖岸，剿海成功，指日可決矣。"

議 設 援 剿 鎮

時投誠總兵官林賢、黃鎬、陳龍、楊嘉瑞、朱雲從、何應元、吳孕驥等，各招募水兵，合萬有餘人。

公念兵將非制約束不靈，又菠事方新，拊循非素，須令感恩，始堪破敵。因從容語之曰："湖廣諸鎮，例有援剿。吾請援例，爲諸君題授實職可乎?"賢等皆喜，謂："我輩輸誠以來，雖頗著戰功，未登一命。倘荷造就，敢惜捐軀!"

公遂拜疏，請以林賢、陳龍、黃鎬、楊嘉瑞爲左右前後四鎮，以何應元、吳孕驥補提標前後營游擊。疏上，下和碩康親王議。王執不可，公曰："職在岳州，所有末議，將軍、貝勒概荷賜允，是以歷年強寇，獲致廓清。今承簡命，承乏閩疆，所有建明，悉係進剿機宜，尤望殿下俯垂俞鑒也。"王曰："兵機進退，悉聽尊裁。事係建官，實難遽允。"公曰："職題請援剿，正係兵機。何也？用兵之道，先宜恩結，後以威制。今林賢諸人未有實職，雖各握兵，未入經制。職甫入閩，恩意未洽。一旦出海，人各一心，雖有韓、白，弗能濟也。若各授以總鎮實職，彼事愜意中，榮出意外。感恩既至，報德難忘。同心協意，何攻不克哉?"王默然，久曰："請聽子題矣。"遂具疏覆，上許之。

出師定海

公抵閩，念島上殘黎皆係赤子，疏請救滿、漢官兵，嚴禁擄掠。上許之，遂檄告遠近，以收人心。又念往時出海，舵梢、水手勒取民間，既滋擾害，又不堪用。因捐資招募，日與巡撫吳公督促船工。

既就緒，遂以十二月朔日，由南臺登舟，巡撫吳公舟次餞別。公從容語之曰："就道之日，則忘其家，將之禮也。正色此行，義無再舉，稚男幼子，悉以遺公，餘無他囑也。"答曰："封疆共事，情同骨肉，敢有異視，以貽公憂?"遂再拜別。

定海誓師

公泊舟定海，卜十二月十七日祭江。先于十五日雨，兩日夜弗止。夜半公起，頓首祝曰："沿海蒸民，歷遭兵燹。正色恭承簡命，提督舟師，期清海甸，以安桑梓。敬占穀旦,告神誓師。不期陰雨,事恐難行。敢告明神,默相眷祐,早賜一霈,俾告成功。"言訖就寢。

頃之,星月交輝,水光澄碧,舟人歡噪。公起,語諸衆曰:"天心助順,于此見矣。"

越早,設帳幕,張旗幟,集諸鎮營將士祭江。禮畢,酒數行,公舉觴言曰:"諸君久事疆場,未膺誥命。吾特疏懇請,自總鎮營備,下及千把,以次保題。此番覆議,定邀俞允。是未及建功,先蒙恩賜。苟屬有心,寧忘報德!且我閩喪亂,久歷年所。人怨攸歸,天心是殛。諸君若戮力同心,共鋤禍亂,不特封侯有階,陰德猶難量也。況軍法所在,條格嚴明。進退賞罰,難容寬恕。諸君幸念之,毋貽後悔!"衆皆欣然頓首曰:"敢不惟命是聽?"

酒酣,公又言于衆曰:"前攻金、厦,每多殺掠,俘携婦女,繫累載道,至今令人酸鼻。夫人有家室,各有妻子。恣肆姦淫,傷心莫甚。兹吾題疏嚴禁,奉俞旨,諸君尤宜約束將士,毋致或干軍令,各有未便。"因下拜。衆咸跪,叩首曰:"謹奉令!"

已而撤筵登舟。未幾,雲合雨降,衆咸稱"公誠足格天"云。

決 策 航 剿

初,總督姚公以康熙三年癸卯,攻克金、厦,皆用紅毛船隻,疏請遣使往荷蘭國檄召,會綜合剿。

康熙十九年正月初九日,公在定海操舟,邃遞上諭:欲待荷蘭船到,然後進攻。公念荷蘭國船來否莫必,遲速難期。再延三四月,風信轉南,我舟又當退泊閩安,老師費財,敵鋒愈熾。不如乘現在舟師直取海壇。海壇一破,則振我先聲、奪彼銳氣,乘勝長驅,海壇之寇各懷內顧,必自潰壞。遂咨會總督,決意進攻。而巡撫吳公亦于正月二十日,拜疏出師,次福清縣界。諜言逆艘聯艅進泊崇武、湄洲,聲勢甚大。又以總督姚公有奉旨緩師之意,咨移嚴切,遣家人、幕客夜至公船,備詢勝策。公但寄言:"吾籌已定,斷無他虞也。"

初,朱天貴與黃德、王一鵬等扼據海壇。公密訪興化,有朱炳坤者,天貴從叔也。延致軍前,令齎書往撫天貴。天貴持兩端,令炳坤齎刺報命。公曰:"天貴即未就撫,吾亦就中取事矣。"遂微露其事,令黃德等知之。

二月初二日,拜疏出師。聲言:鳥船由大洋進發,趕繒小船由湄嶼門直取覘美澳。天貴諜知,分兵堵禦。

初六日,揚帆至南茭。公忽令放炮轉小厓,自以所乘大艘由湄嶼門入。諸鎮隨之,一時駢進,大小船首尾相摩,帆影蔽江,無一傷礙。

午後抵海壇,天貴措手不及,急迎戰。公佯置天貴,直取他艘。黃德等以天貴有異志,各懷觀望。我舟合艨衝擊,遂各披靡南竄。公泊舟海壇,嚴禁擄掠。有隨征都司謝得勝私掠民羊,隨斬以徇。又有父老數十懇請搬駐內地者,公悉令渡入各縣安插,民感更生。

十四日,進攻湄洲,逆艘泊平海。巡撫吳公馳師相會,公曰:"賊鋒已挫,必合艨崇武,以決死戰。公可馳劄崇武坡,絕其汲道。彼饑渴內迫,必不能軍。吾候風便,直搗其背,破之必矣。"吳公從之。

十七日,師抵崇武,沿岸設炮火。賊有近岸汲水者,輒擊沉之。

二十日,我舟南下,賊率艨迎戰。公麾諸艘,乘風縱擊。賊敗遁。既復合艨再戰。隨征總兵顏立勛舟陷賊中,公馳搏出之,援枹鼓,督戰益急。舟行有稍退者,公輒令射殺之。

會日暮,回師崇武口,賊亦寄泊洋中。公念竟日鏖戰,兵士力疲,恐賊人乘夜劫澳。入定後,忽傳各鎮移劄他處。安泊甫畢,賊果結艨掩擊。知公移泊,遂大驚。

二十一日向晨,公飭諸鎮曰:"昨日一戰,勝負未分。今當鼓勇前驅,共殲逆醜。倘有退縮,各依軍令!"眾唯唯。

登舟飯已,賊乘南風盛發,揚帆直上。舟人皆以賊據上風爲慮。公曰:"毋畏!但須賊舟近,方許起碇耳。"因令掌號舉航以待。已而,賊舟漸邇,風信忽西。公喜曰:"吾所少緩須臾者,正謂天時當有異耳。"遂各掣碇,分搗賊舟。

　時朱天貴、林陞、王德、王應等以數舟合逼公艘,銳甚。公令左右炮一時迸發,擊碎賊舟。公胞兄德耀及左鎮林賢等,亦相率繼至,賊殊死戰。公入艗搏戰,火器猛烈。賊不能支,遂敗遁。公乘勝尾追,抵夜收泊岱隊港口。

　二十二日,賊竄歸料羅。會颶風大作,公移舟臭塗澳。

　二十三日,巡撫吳公自崇武馳會。公曰:"賊已敗竄,海澄諸寇即日潰散。公疾引兵由同安石潯渡師,金、廈可不戰而得。吾少候風利,邀其歸路,數十年逋寇,可立殲也。"

　是日,鄭經飛檄劉國軒退守廈門。

　二十四日,陳昌、羅士珍等,果以海澄降。兵民惶懼,竄匿山谷。

　二十六日,鄭經知事不可為,令將家屬東遁。男婦爭舟,雖曳殺水中,不能禁也。督、撫諸軍進劄廈門。公泊舟永寧,賊猶結艗料羅。公令林賢、陳龍⑦為先鋒,乘勝掩擊,賊望風奔竄。

　二十九日,舟抵金門,受諸降附。父老携猪酒犒軍,公弗受,多方勞來,民皆安堵。

　三月初三日,抵廈門,仍飭諸軍毋離舟次。客有勸公乘勝直取澎湖者,公曰:"澎湖勢險,船難遽進。賊歸數日,必有準備。且天貴全艗猶在南澳。此時南風盛發,我舟前往,既無可泊之澳,又恐天貴聞我空虛,揚帆直上,而金、廈又虞多事矣。況凌波絕險,事有不可知者乎!"遂入海澄,與總督會疏,以援剿鎮林賢等分鎮海壇、金門、廈門、銅山。

　時姚公已密疏,請候荷蘭船到,配投誠兵,令水師提督進取臺灣。上下其議,公抗疏,力陳不可。上遣兵部侍郎溫公衷其議,且令會巡邊海,酌兵守要。八月,溫公入朝覆奏,卒從公議。

　公既平閩海,漳州都統把申都魯問曰:"公力排群議,獨建殊勛,固以料敵之審。荷蘭遠處外國,公能逆計其不來,何也?"公曰:"此實易知,但人不察耳。紅毛番有二種,雖臣服于我,亦與鄭氏相通。查其頭目,時在臺灣。又我所檄召種類,皆受轄于彼地紅毛者。彼既與鄭氏相通,安肯令所轄屬與我助戰哉?為將者須詳察天人，細參情理，原非苟且論戰，僥倖成功也。"把甚悦服。

議 罷 遠 征

康熙二十年三月，臺灣鄭經死，馮錫範等以其長子鄭欽⑧係他人子，縊殺之，立其次子秦⑨，年方十二歲。

四月，僞賓客司傅爲霖密書與總督姚公，言："主少國疑，馮、劉不睦。疾引兵攻取，吾爲内應⑩，可以得志。"姚公甚喜。

又泉州有投誠王麟者，引寧海將軍喇攻破東石賊寨，喇甚任之。以澎湖守將董騰，泉之濱海人也，命麟訪其族中有可往彼招致者。麟以其友董揚聞，喇將軍隨令賫書往澎湖招撫董騰。騰怒，言："非念親族，當斬汝首矣！"隨即遣回，而揭報喇書，且請回臺灣，以杜嫌疑。

揚歸，詭言："騰欲内向，而未有機會。"喇甚喜，賞揚白金百兩，令賫書再往。揚懼不敢，潛往廈門，私造金杯，並古風一首。詭爲騰言："三王同叛，究歸一統。彼雖身繫外國，心切内歸之意，特獻喇將軍。"將軍信之，復賞董揚白金二百兩，疏奏其事，而總督姚公亦以傅爲霖之事聞。上以滇、黔已定，宜乘現備船兵攻取臺灣，令督、撫、提、鎮會議進取，毋失機會。

公念臺灣遠處海外，劉國軒頗能用兵。若懸軍遠鬥，不惟有窮兵黷武之嫌，且有傷威失重之慮。且臺灣變故已經數月，文武輯睦，絶無警息，遽啓兵端，實爲非利，遂先抗疏具陳。而總督姚公、巡撫吳公與水陸各鎮，俱赴泉州會議。

公披悉利害，衆莫能難，而重違姚公之意，莫敢啓煩。姚公色忿，且泣下言曰："諸君受國厚恩，宜以死報。今敵已有釁，各懷畏怯。啓聖今日除死方休，否則斷無放過也！"公從容言曰："人臣事君，死生以之。但死而有益，死之可也；若懸兵浪戰，死而無益，又且有損，兵民何辜！國家何賴焉！今所據者傅、董二家，心懷内附。而傅非握兵之將，董無懷德之誠，無論内附之心，未可遽信，縱或有真，而往來會議，機已漏泄。傅、董二人，身且不保，何能成事哉？且兵家之勝，計利而動。鄭經之死，已閲三月。若有内亂，必相賊殺。掃蕩之功，固可無勞師旅。今馮處于内，劉在于外，二人相好，不見疑猜。憑依天險，以逸待勞，汪洋風浪之中，愚誠未見其利。”

提督諸公曰：“水陸大舉，心力俱一，蕩平小寇，似亦無難。但陸師進退，能算得定；水師機勢，難以豫測耳。”公曰：“政恐陸師尤難算定也。逆寇圍困海澄，數月不解。滿、漢援兵屯劄筆架山者，不下數萬。朝廷重賞在前，嚴罰在後。當此之時，城中贏卒幸乞餘生；城外援兵，希圖免罪。心非不一，力非不協也。而相去咫尺，莫能救援，竟使劇城淪陷，大帥身亡，豈非我兵進退機莫能握哉？”

姚公曰：“此前日之事，今無庸言。”公曰：“非也。語云：‘前事不忘，後事之師。’用兵者，先計彼已，後觀利害，故舉無遺策。今東海逆孽，困鬥可虞。澎湖孤島，險于海澄。凌空破浪，難于野戰。利害之形，瞭若觀火。伏願諸公審之。且攻者不足，守者有餘。吾惟謹邊防，嚴接濟，撫綏殘黎，招携柔遠。彼國之衆，群懷内附，遣使往撫，能無聽命？”

諸公曰：“閩疆海寇，久歷年所。若徒事招撫，終是塗抹，或恐遺患。”公曰：“兵家之勝，不可先傳。吾言撫，非專用撫也。我無顯示攻取之形，彼必漸疏守禦之計。此中機宜，君寧不悟？吾已疏奏朝廷，請寬進取日月。先行招撫，徐圖便宜。苟就吾撫，則明其條約，俾可遵守，不事兵革，固爲厚幸。倘懷觀望，則量度機會，一面出師，一面奏聞。兵端不漏，脫免難防。彼民困于内，財匱于外，不越一二年，可獲全勝。孰與信所難信，倖冀成功哉？”言訖，下跪曰：“吾特爲生民請命，諸公察之，生民幸甚！”

姚公不悦，起回寓，諸鎮亦各散去。

巡撫吳公私謂公曰：“朝廷已銳意滅賊，制憲亦堅執不回。臺灣當喪敗之餘，又遭家難。鼓衆前征，事未可知，何苦過拗？”公曰：“豈有未可知之事，而輕試于兵者乎？”

姚公知公意執，遂密疏請旨。八月，奉旨授公提督福建陸路總兵官，以内大臣施公代其事。

【校記】

① 缺字當爲"懷忠"。

② 萬正色擅大刀,初以黃氏從軍,後恢復萬氏。

③ 缺字爲"懷忠"二字。

④ "携眷":原抄作"揭眷",誤,徑改。

⑤ "珠":原缺,徑補。

⑥ "上曰":原缺,以意補。

⑦ "林賢、陳龍":原缺"賢"、"龍",據上"議設援剿鎭"條補。下同。

⑧ "鄭欽":誤,應爲鄭克墍。

⑨ "秦":誤,應爲克塽。

⑩ "吾爲内應":原抄作"彼爲内應",誤,徑改。

校 點 後 記

萬正色(一六三七——一六九一),字惟高,號中庵,福建省泉州府晉江縣東郊潯美鄉(今泉州市豐澤區潯美社區)人。生於瀕海漁家,兒時,其父爲其延師授業,後隨伯祖父、武舉人萬國光習武。清順治十四年(一六五七),萬正色以黃姓從軍,參加鄭成功部隊,康熙元年(一六六二)轉投清軍。先後在山東、陝西、山西、四川、湖南、福建、雲南等地當將官。康熙十二年至二十年"三藩之亂",參與討伐吳三桂父子,收復四川的廣元、保寧(今閬中),湖南的岳州(今岳陽)、常德、長沙等戰略要地,爲平息叛亂立下卓著功勳。康熙十八年,萬正色奉詔回閩,攻取海壇(今平潭)、南日、湄洲、崇武、金門、廈門、海澄、銅山(今東山)等要地,迫使鄭經逃回臺灣。萬正色屢建戰功,由陝西興安(今安康市)游擊擢升至山西平魯衛(今平魯縣)參將、湖南岳州水師總兵、福建水師總兵、福建水師提督,先後累加左都督、太子少保、騎都尉等世襲爵銜。爲蘇民困,萬正色主張用"招撫"手段促使臺灣歸順,暫緩武力攻臺,違背康熙帝旨意,被改任福建陸路提督,後調雲南陸路提督,保留騎都尉世襲爵銜。所著《平岳疏議》、《平海疏議》、《師中小劄》被收入《四庫全書》。

王得一,清初惠安人,萬正色隨軍幕僚,撰有《師中紀績》,餘不詳。

《師中小劄》收録萬正色在福建沿海與鄭經作戰時,同福建總督、巡撫,清廷貝勒(親王)、將軍,鄭將朱天貴等人往復的書信。書信中表述他對當時軍事形勢及其戰略戰術的意見,即必須利用天時、地利、人和,備足糧餉、火藥、船隻,迅速占領福建沿海島嶼、海港;清軍必須嚴明軍紀,愛護百姓,減輕徭役,停止"遷界",爭取民心;招撫鄭將朱天貴,迫使明鄭歸順,實現統一。

《師中紀績》記叙萬正色在平定吳三桂叛亂和對鄭作戰方面建立的功績。

平叛方面有：攻克四川的陽平關，智襲朝天關，突圍蟠龍山，收復廣元縣；在湖南，夜襲洞庭，扼守君山，占據駝河，斷叛餉道，戰蘆蓆口，焚叛船隊，計誅叛將，斷其歸路，收復岳州、常德、長沙等重鎮。對鄭作戰方面有：設置援剿鎮，攻占福建沿海重要港澳、島嶼等。

《師中小劄》與《師中紀績》均爲手抄本，載於《臺灣文獻匯刊》第二輯第十三册，藏於北京國家圖書館保留本室，福建泉州潯江萬正色後裔萬水航據以復印。本書以此復印件爲底本點校整理。原書以《師中紀績》爲主，《師中小劄》爲副，主賓顛倒。這次整理，改將《師中小劄》置前，《師中紀績》置後，特此説明。

編　者

二〇二一年七月

圖書在版編目（CIP）數據

閩海紀要／（清）夏琳著；李夢生點校. 海上見聞
錄／（清）阮旻錫著；徐華點校. 師中小劄 師中紀績／
（清）萬正色，（清）王得一著；張吉昌，廖淵泉點校. —
北京：商務印書館，2023
（泉州文庫）
ISBN 978－7－100－22101－6

Ⅰ. ①閩… ②海… ③師… Ⅱ. ①夏… ②阮… ③萬…
④王… ⑤李… ⑥徐… ⑦張… ⑧廖… Ⅲ. ①中國歷
史－史料－明清時代 Ⅳ. ①K248.06

中國國家版本館 CIP 數據核字（2023）第 056602 號

責任編輯　閻海文

特約審讀　李夢生

閩海紀要　　海上見聞錄　師中小劄　師中紀績
（清）夏　琳　阮旻錫　萬正色　王得一　著

商　務　印　書　館　出　版
（北京王府井大街36號　郵政編碼100710）
商　務　印　書　館　發　行
山東韻傑文化科技有限公司印刷
ISBN 978－7－100－22101－6

2023 年 5 月第 1 版　　　　開本 705×960　1/16
2023 年 5 月第 1 次印刷　　印張 10.75　插頁 2
定價：72.00 元